濟公禪緣

值得追尋的人生價值

靜觀——著

信仰是什麼？
人們為什麼需要信仰？
為何需要敬天？
這些問題都將指向同一個答案，
就是為了找回一個完整、快樂的我。

如何在家庭、工作、生活之中自由自在？
讓我們在信仰中學會如何善待自己，
在道理的實踐裡學會如何做自己，
在故事之中開悟自己的心。

什麼是濟公道？
就是走入日常生活的生活法，
是佛法、是活出自我的方法。

目 次

序文

我們有多久沒有真正開心的笑了呢？在大笑的時候，是不是仍然感覺到心裡某個地方隱隱的擔憂呢？隱隱作痛的感受是不是常常讓我們夜裡難以入睡呢？

還記得做孩子的時候，那種單純的快樂嗎？還記得那種心情輕鬆、腳步輕快的感覺嗎？

孩子的快樂是因為他們還不需要承擔，因為他們還沒有遇上煩惱，如果我們能夠學會承擔的方法、學會面對煩惱的方法，就有機會找回那樣單純的快樂。

佛法在世間

佛法在世間，不離世間覺，離世覓菩提，恰如求兔角。

佛法就是引導我們轉變煩惱的方法，佛法其實不像多數人想的那麼困難，佛法就是在日常生活、在人與人的相處過程、在家庭的維繫、在工作的升遷、在事業的經營、在夫妻間的情感之中，能夠找到覺悟的答案；佛法的意義也是為了幫助我們這樣普普通通的人們，解決生活的種種煩惱問題。

「為什麼我總是懷才不遇？」

「為什麼找不到一個忠心跟隨的左右手？」

「為什麼孩子不願意與我親近說話？」

「怎麼找回夫妻過往的感情？」

「要怎麼找回快樂呢？」

就是在這樣平常問題的參悟裡，能夠找到人生的智慧，能夠找回我們的快樂；就是在這些問題裡，我們學會如何與人為善、解脫煩惱的智慧，也找到屬於自己的信仰。

在信仰裡，我們可以學會改變人生的方法，學會如何解決煩惱與問題。

是的，這些問題都可以「學會」的。「濟公道」為這些問題提供了參悟的方向。濟公道是一門人生的課程，在課程裡有老師傳授道理，也有學生們一同學習道理、互相分享彼此的學習心得與故事，因為共同的學習興趣，而有了共同的成長。就是在這樣的課程裡，我們相互扶持，一同改變人生、一同解決內心的煩惱。

在這門課程裡，將會引導我們找到自我的力量，這本書是一本學習手冊，介紹一個開導自我的過程與思維，告訴你自我改變的方法，告訴你如何提升人際關係、如何廣結善緣，如何善待自己，不再擔憂那些還沒有發生的事，然後找回自己最初單純的那種快樂。

在濟公道裡，沒有什麼嚴肅的規矩，也沒有什麼祭拜儀式，信仰並不一定要有那麼多的繁文縟節，它可以是自由自在的，可以是快快樂樂的，人與人之間沒有責罵，只有教導、點醒，還有為了共同興趣而相聚同樂的快樂心情。

濟公道就是這樣的快樂道、快樂心，心快樂了，身體自然能夠找回健康；心快樂了，一言一行更容易符合道德，這就是自

然而來的道，是從心開始改變的道。

濟公道講的是心的改變，是由內而外的自然改變，轉變心的方法，就是一種佛法，就是活法，是面對生活的方法。

遊戲的心情

人生就像是一場遊戲，今天的遊戲失敗了，明天還可以重來，所謂「犯錯」，其實是學會如何把事情做對的必要過程，沒有人天生就知道如何做每件事情，今天做錯了才會明白明天應該如何調整、應該如何重新開始，完全不需要浪費心力責怪自己，倒不如告訴自己，要更專注努力找到錯誤發生的地方、提醒自己不要讓錯誤重來。

今天的結果不是永遠的結果，因為明天還要繼續，這人生的因緣還會繼續轉變。

學著把人生的遊戲當做快樂的事情，每天的過程都是能力與實力的鍛鍊與累積。還記得小時候，當街頭上第一次出現電動遊戲的機台，對那個年代的孩子造成了多麼大的轟動，每天都想要拿著零用錢去打電動，回想起來，為什麼打小蜜蜂會帶來那麼大的快樂呢？

或許，是因為要享受那過關的感覺，雖然一開始技巧不好，常常打沒兩下就掛了，隨著練習次數的增加，隨著對每個關卡的了解，慢慢會找到訣竅，操控反應的能力也更好了，成績越打越好，更重要的是明確感覺到自己變厲害了，也得到了成就感，所以更加欣賞自己。

欣賞自己就是遊戲的目的，試著轉變一下想法，這人生既然是遊戲，我們就可以享受這場遊戲，享受自己變厲害的感覺，享受自己在挫敗中成長的過程，享受成長而且破關的快樂，學會欣賞自己的努力，也善待自己，就讓遊戲歸於遊戲，我就是一個挑戰遊戲的玩家，今天打得好或不好，不會影響我對自己的看法、評價，因為我還有明天，因為我還可以努力，我還能夠改變。今天雖然破不了關，我可以去尋找方法，學會之後明天再來，讓自己找回那個挑戰遊戲的單純樂心。

在濟公道裡，可以找到那些破關的方法與解碼人生的密技，這裡不只有方法，還有更多有著共同興趣的人們，可以一起分享學習經驗，可以給予我們指導；再困難的關卡也一定會有破法，不需要為了今天沒有過關而折磨自己。

總是善待自己

面對人生，一定要學會如何善待自己。是的，善待自己這件事情，需要學習。

雖然每個人成長的過程不同，我們難免都會被指責、被責怪，甚至被誤會，學校裡的老師會教我們如何念書，但是不會教導我們如何學會照顧自己的心，因為孩子還不會懂得心情這件事情，卻往往在長大的過程，學會了責備自己、武裝自己、限制自己的種種做法，或許是為了不要再被別人責怪，為了不再給別人傷害自己的機會，為了不要被別人批評，這樣的人生漸漸的、不知不覺變成是為了別人而活，卻不是為了自己。

那些自我的限制與傷害，那些自我責備的痛苦和壓力，將會奪走心的快樂與柔軟，因為心裡藏著太多別人說過的話，所以我們的快樂不再單純，常常要在取悅了別人之後，才願意讓自己快樂，但是取悅了別人，我們就能快樂嗎？

慈愛的母親把所有好的東西都留給孩子，每天都準備滿桌飯菜等著孩子回家吃飯，但是當孩子長大了，當孩子開始在外面與朋友吃飯，如果母親仍然每天準備整桌的飯菜，她的心情還能一如當初的快樂嗎？這樣的心情又要如何改變呢？

人生快樂的起點是「善待自己」，而非折磨自己，因為這是自己的人生，不是別人的，折磨自己的人生，心裡只有怨。

善待自己是累積福德的開始，福德並不只是金錢的捐獻，而是觀察自己每一個心念的升起，並且改變每個有怨的心念，就能自然轉變每天的一言一行，而不把心中的怨氣發洩在別人身上，就能夠守住口的福德，不會因為一句怨言而失去了福德。

心念的轉變就是一種福德。當自己的心情面臨崩潰，如果能夠守住口德，能夠收起傷害自己的想法，善待自己的心，學著用自己的善心去營造別人的善心，幫助每個自責的人善待自己，並且善待別人，這就是廣善積德的開始。

經濟、養生、道德

廣善積德的起點是「善待自己」，試想一個三餐不繼的人、一個內心不快樂的人，當自己都無法溫飽時，當然不可能再有餘力奉獻與捐獻，也沒有能力給予別人善心與善念。

　　所以讓我們更務實地面對問題，人生需要先追求經濟的能力，滿足了基本的溫飽、生活需求，學會如何享受辛勤工作的成果，心裡才有滿足與快樂，然後能夠照顧身體的健康，並且實踐道德，創造良善的德行、奉獻與付出，並且善待身邊的人們。

　　這就是濟公道的三大根本：經濟、養生、道德。

　　信仰與日常生活是息息相關的，像是如何在工作上稱職的表現、如何得到老闆的心，如何在工作團隊得到夥伴的人心，如何為家人營造和諧的氣氛。在每個人際關係裡都可能改變我們的因緣，關鍵就在於人，在於如何做人，而信仰就是做人的道理，幫助我們改善人與人之間的關係，幫助我們明白什麼是眾生。

　　在濟公道裡，我們學習如何廣結善緣，如何圓緣與了緣，圓滿身邊的每個緣分，也了結那些已經盡了的緣分，成就的是這一生的圓滿。這一切都可以學習，一切都不算晚，隨時都可以開始，永遠都來得及。

信仰、道理、故事

　　學習需要循序漸進，為了幫助讀者更容易明白濟公道的完整樣貌，本書將分為三個階段：正信仰、學道理、故事禪。

正信仰

　　什麼是信仰？是廟裡的神佛嗎？是書中的道理、價值觀嗎？還是那些慈悲為懷的大愛善行呢？

　　人為什麼需要信仰？信仰的意義又是什麼？

　　要如何選擇一份正信的信仰？

濟公道又是什麼樣的信仰呢？為什麼濟公道值得相信、值得學習呢？

要改變人生先要明白信仰的意義，先要選擇自己的信仰，並且相信自己，然後能在信仰裡堅定信心。

學道理

與其懷疑世上有沒有神明，不如學習實際可用的道理。學道理是為了解決問題，我們不是能力不足，只是還沒有學會如何解決那些人與人之間的問題。

昨天的種種遭遇，決定了我們今天的模樣與情緒。今天學習道理，是為了注入心中的活水，然後轉變過往的想法、心態。過去沒學會的就讓它過去，今天重新學起，對於明天懷抱更多的希望。有了信仰的堅定信心，就能堅定地用道理持續轉變自己的想法與心態。

故事禪

學道理容易，要讓道理入心、要做出實際的感受，卻很困難，這也是大部分信仰遇到的問題。要如何讓道理融入日常生活呢？在這裡提供另一個不同的方法，就是聽故事。

人生就像是一齣戲，在每段戲碼裡，我們需要認清自己的角色，才會知道怎麼演戲。

在每個故事裡，我們可以試著看見每個角色的心情，試著看見人生百態，試著模仿、融入故事裡的每個角色，學著如何體會與參悟，轉變心的感受，帶著這樣的感受融入生活中的每個角色，潛移默化自我的真實改變，參悟佛法的禪機。

　　人生所以讓人覺得苦，是因為我們還沒有學會解決問題的方法，不知道如何面對自己的無能為力，也不知道自己其實有著轉變逆境的能力。人生的滋味就像是一杯醇酒，與其逃避酒的苦味，不如學習怎麼去品味這杯酒，怎麼去感受苦中回甘的滋味。酒的滋味，就是心的滋味。

　　濟公道指出的這條路，一開始總是坎坎坷坷的困難，就像孩子剛學走路，一定是跌跌撞撞的，因為我們還在學習，還在慢慢成長，但是這成長的過程越不順利，在生活中我們越能承受別人的刁難，心情就會更堅強。堅持走在自己的道理與信仰的這條路，我們就能找到自己。

　　讓我們做自己。

第一篇
正信仰

　　濟公道是什麼樣的一種信仰呢？

　　為什麼有些公司的董事長、總經理與高階主管們，都願意不遠千里，耗費一整個下午來聽師父的教導呢？因為他們已經明白，人生的種種問題，從公司的治理方法、團隊的帶領方式，到家庭、個人的問題，都可以在濟公道裡學習解決的方法，所以他們試著參加每次的濟世，每次的濟世都像是上課一般。

濟公道就像是學堂，有學習的場所，有教導的老師，有學習的課程，還有一起學習的同學們，就是這些元素成就了一個特別的信仰。

　　廟，就是學校，就是學習模仿的地方，濟公師父就是我們的老師，藉由每次的濟世來教導學生，濟公師父的道理與故事就是學習的課程與教材，每個門生就是共同學習的學生，在共同的學習興趣裡，學生們相互分享實做的心得，互相支持、相互學習，

　　他們的成長來自每個人生故事的分享、他們所遭遇的困境，像是創辦事業的艱難，高階主管要如何得人心，身為一個下屬要如何得到貴人賞識，夫妻之間要如何經營感情，身為父母又要如何維繫親子間的親情，這些問題的解決方法都在師父的道理和故事之中，也在人與人之間的情誼、無私分享裡。

　　師父說，濟公道不談靈通、不談怪力亂神，但是師父

有沒有靈感呢？

　　當然有，這幾年擔任筆生的記錄過程中，看到師父總是精準點出了人們的問題，說出了他們心中的痛苦和煩惱，有時門生私下做的事、說的話，師父彷彿也都知道，都能夠一一將他們點醒，並且告訴他們解決問題的方法，幫助他們調整心態、改變說話的態度，給他們所需要的教導。

　　有時師父會先講一個看似無關的小故事，當故事聽完後，師父會問信者要問什麼問題，等信者問了問題，這才明白，其實故事裡早已經藏著答案。[1]

　　師父也會故意說一句相反的話，觸動人們的反思，潛移默化地轉變他們的心情。[2]

　　師父常說，濟世是他的天職，那是為了了緣，為了幫助人們改變。師父展現的靈感，一方面是為了方便教導，另一方面則是為了加強人們的信心，讓他們願意相信，

也願意打開自己的心房，願意接受道理，願意靠自己的力量解決問題。

但是，不要依靠神明的靈感解決問題。

濟公道解決問題的方法，就是自我的成長與改變，而不是送金、祭改或法會那些方法，一切都要依靠自己。

師父教導濟公道，重要的是如何走在濟公道上，而不是追逐師父的靈感。

就像是在學校裡學習，最重要的是學會如何應用知識、如何寫出自己的論文，而不是跟在老師身邊，更不可能要老師賜予智慧，一切智慧我們原本就已經具備，只是這智慧久經風塵，受到了塵埃的遮蔽。所以我們才需要一位老師，一位明師，教導我們如何拭去塵埃，如何找回自我的智慧，濟公師父就是這樣一位明師，而濟公道就是找回智慧的方法。

什麼是信仰的求呢？

是求自己尋找答案，求自己要積極學習、改變，而不是求神明的幫忙。師父也沒有答案，師父只會告訴我們尋找答案的方法，一切關鍵都在於自己。信仰裡的求，是求自己。

註：
1.請見〈濟公活佛的意義〉(p.43)。
2.請見〈師父的用心〉(p.34)。

🦪 認識師父

前面我們提到了「師父」，而在接下來的章節也都會提到「師父」教導的道理，師父是人還是神呢？如果是神，為什麼能夠跟人們說話呢？

許多宗教都有神的概念，如果要問我世上究竟有或沒有神呢？我說，雖然看不見，但是我的確感受到神的存在，那是我自己個人的體會與感受，有一些我經歷過的事，的確無法用一般的常理去解釋。

然而，神，是每個人的主觀感受。世上究竟有神，或是沒有神，需要自己去感受，也不要輕易相信別人說的，更重要的是不需要迴避這個問題，不需要把自己沒有嘗試過的事情拒於千里之外，只需要試著親身體會，去聽看看別人所說的神是怎麼回事，他說的是否合理，是不是講到怪力亂神的事。

在我們廟裡，神明是教導道理的老師。就好像我們年少求學時，如果數學不好就會去打聽哪位老師有名，想辦法去報名他的補習班，去補習班是為了學習老師的知識，而不是為了膜拜名師，但是一定要尊師重道，如果沒有認真學會數學，就算跟隨了名師也失去意義，這點需要先學會分別。

廟，是學習道理的地方，神明，就是教導道理的師父。

濟公道，是濟公師父創建的道理，而在我們廟裡教導濟公道的神明，並不是濟公師父李修緣本靈，而是濟公師父的徒弟，祂借用濟公師父的名號濟世。神明無法直接與人們說話，但是

可以透過代言人說話，代言人就是所謂的「乩身」，當神明降駕之後，就能借著代言人的身體、代言人的口，與人們互動、教導。

書中提到的「師父」，也就是降駕後的濟公師父。代言人在完成了神明降駕儀式之後，一聲「阿彌陀佛～～」，他的神態與說話的方式就開始改變，雙眼微睜，帶著爽朗笑容的聲音，在旁人的協助下，穿起濟公的衣服、戴上了佛珠與佛帽，拿起了扇子與酒壺，這就是濟公師父的模樣了。這時，師父才會正式開始濟世，一點一滴給予教導，直到所有要問事的門生、信者都和師父說過話了，師父才會退駕，結束這次的濟世。

本書一切來自師父的教導，都是在這樣的降駕濟世過程之中記錄下來的。當師父退駕後，代言人脫去了濟公師父的衣裝，又回復原來說話的樣貌。在濟世以外的時間，代言人就如同你我一般，和門生一樣，同樣也要努力學習師父的道理，與我們一同討論與分享心得。

因為，濟公道就是我們共同的興趣，共同的道理。

以濟公道爲主

「濟公道」是廟裡的共同信仰，在這裡，濟公師父依著濟公道的內涵，教導人們在生活中應用濟公道的道理。廟裡的人們總是笑容滿面，沒有爭吵，沒有是非。

濟公道是人們的信仰，也同樣是神明的信仰。

某次，師父與一對夫妻聊天，師父對這位妻子笑說：「哎呀，你學了濟公道之後，現在先生都不敢跟你碎碎唸了」，她偷偷地笑了起來。

這位先生打趣說：「對啊，她現在都會應我一句：『你這樣說話有符合濟公道嗎？』她現在有師父挺，我都要退讓三分了。」聽得大家哈哈大笑。

師父卻說：「不是師父挺她，而是濟公道挺她。」

簡單一句話，點出了「濟公道」的重要性，濟公道是我們共同信仰的價值觀，師父如此，廟裡的神明們如此，門生們更是如此。

在這裡，是以濟公道為主的信仰，不談神明的真真假假，只看道理是否實用。

🍐 認識信仰

　　講到神明，很多人都會眉頭一皺：「真的有神嗎？那是迷信吧，我不想聽。」

　　關於迷信，師父是這麼說的：「在我們的信仰裡，沒有迷信這回事。有個人問濟公師父：『濟公師父啊，您相信有神嗎？』濟公師父回答：『當然不信啊！神是什麼？神在哪裡？你看到了嗎？』

　　「為什麼濟公師父會這麼問呢？因為信神是你們的感受，一切都是你的感受。

　　「神，就是你的感受；道理，就是你的感覺；實行，就是你的體會。當人們提到神，講的多半是神話，但是當神話變成了實在的事，當一切轉為實際，那就不再只是神話，而是你的造化。人生的改變，就是你們的造化。」

　　信神的人們常是從一些傳說或神話開始相信的：「我跟你講，那間廟的神明好靈驗啊，真的好神啊！」他們希望找到一個靈驗的神明，可以馬上解決所有的問題，但是他們知道自己相信的是什麼嗎？

　　「你看到神了嗎？神是什麼？」一個簡單的問題，點出了迷信的本質，有時人們只是需要一個希望與心靈寄託的主觀感受，寧願相信看不見的神明，卻不願意正視自己的問題，不願意改變自己的個性。就像是一個任性的人，不會因為拜了神就改變他的任性，他一樣會與人爭執，一樣會固執於自己的想法，所

以他的問題總是存在。

有時說到道理，人們卻是憑感覺：「書上的這段話感覺很有道理」、「師父說的很有道理」。

學了道理，如果沒有深入自己的一言一行、沒有實際轉變的想法，如果沒有付出具體的改變行動，光是憑著一時的感覺也無法帶來改變，很快就會忘記。

比方說大家都知道運動對健康很有幫助，但是不喜歡運動的人，他根本連出門運動的念頭都不願考慮，要如何從運動的觀念得到幫助呢？

知道，加上做到，就能生起力量。

我們如果能向神明學習道理，轉變想法，實際訂出行動方案與目標，懷著信心去做、堅持去做，當自己有了實際的改變，當神明所說的話成為了實際可信的真人真事，那就是我們自己的造化了。

造化，不只在於自我的改變，更在於我們走出了迷信，一切都是實際的做到與體會，而不是主觀的想像、感受。造化，在於找到了心安的信仰，帶來了相信自己的心安。那種心安，不只是順境裡的心安。那種心安，是在困難重重之中，是在壓力爆表的逆境之下，還能夠生起力量去安定狂跳害怕的心。那種心安，是在暴風雨中，仍然堅定順著燈塔的指引，相信自己的努力，一定能夠走出風雨的心安。那種心安，是來自自己許多次的實做與體會，不只是別人傳說的感覺、感受而已。不是傳說，而是我自己說。

　　所謂迷信，講的不是信仰迷惑了人心，而是人心自迷的相信，是自己迷惑了自己，迷惑在不實際的感覺裡，卻不願看清楚自己的問題在哪裡，以為問題的答案都在別人身上、都在神明身上，卻不願意面對自己，不明白自己相信的是什麼，也不明白什麼值得相信。

　　迷信，問題在於自己。所謂酒不醉人人自醉，信不迷人人自迷，就是這樣的一種迷。

　　「信」與「仰」二字都有個「人」在裡面，因為「信仰」是「做人」的道理，做人就是自然的因緣，就是簡簡單單的自在快樂，就是一個平常心。

　　甘於平凡不容易，平常的心不容易，所以需要跟隨一份信仰，讓自己的心願意臣服，讓心有一個遵循的方向，可以心甘情願地重新開始。

　　經過二十多年追求信仰的過程，我終於有了明白：信仰，是以自己為主，信的是自己的選擇，自己選擇要相信神明、或是相信道理、或是要相信什麼人，就是那些相信決定了我們的價值觀，決定了我們如何認同自己，如何支持自己，並且緊緊掌握著自己的人生。相信自己的選擇，並且認同自己的相信。

⚫ 靜觀往事

師父常指著我說：「他是念台大的，就算是台大畢業，書念得再多也要懂得道理，懂得如何與人應對，這一身的功夫才能派得上用場啊！」

是啊，學歷再高、能力再好，如果不知道如何掌握人心，如果不能為人所用，總是孤芳自賞也不是辦法，我的故事就從我的大學時期開始說吧。

最初的信仰

大二暑假，我接到了父母的電話，問我願不願意去廟裡住幾天，懵懵懂懂的我還不知道廟裡有些什麼，就答應了。

去到廟裡第二天，打電話給女友（現在的老婆）聊天，本來一切都還好好的，才剛掛上電話，也不知道為了什麼，眼淚忽然流個不停，師兄們看見了，急忙扶我到神明面前坐著。直到現在還清楚記得，那時雖是夏天，身上卻不斷發冷，後來又變得發熱，手腳也不聽使喚，彷彿有什麼力量控制著我的身體，但人是清醒的，也忘了後來是怎麼結束的，那就是我第一次神明降駕的體驗了。

因為是自己體會到的感受，自然會試著去了解，我開始了解這份信仰的內涵。廟裡的主持師父告訴我，我是帶有天命的，未來有天是要濟世救人的，至於怎麼做，他一直沒告訴我。

廟裡的主持師父說，人都有前世因果，這一生的痛苦折磨都

是因果，父母、夫妻是相欠債的因果，所以總是會被牽引在一起。如果想要解決因果報應的問題，就要由廟裡的神明作主，藉由法會祭改、燒金紙，送掉前世的因果，在這樣的思想裡，人的命運似乎早被看不見的前世決定好了，廟裡的人們只是每天的求神拜佛、受戒與燒金，他們相信這樣可以解決一切的問題。

然而，那裡並沒有一個修行的法則，沒有一本共同的經典，也沒有共同的規矩可以遵守，可以讓弟子們修身養性，更沒有一個道理教導他們如何修持情緒，幾乎每件事都要問神，卻不問一問自己，是不是改變了自己。

雖然廟裡的人們總說：人要修、心要清、要自在，但他們常常在爭吵，爭吵著誰說的話有理，誰的修為高，因為幾乎人人都有神明降駕的經驗，所以誰也不服誰，常常比較誰的神明修為高，誰的本事大，只是人的本事再大，也仍是活在人世。不管通靈的是什麼神明，終究要回歸於人的生活，最後仍要學著如何做人，那些做人的功課其實遠比修神修靈通還重要，因為：

靈通無法改變一個人的脾氣和個性。

靈通無法讓一個討厭自己的人喜歡自己。

靈通無法讓一對怨偶變為佳侶。

靈通，無法改變人心。

我見過一個自稱有靈通的人，在他安宮濟世的第一年，靠著神明的靈感帶來了滿門信眾，但是沒能撐過第二年。當他抱著刻有廟名的牌匾回來的時候，卻還是氣勢凌人、不可一世的樣子，過去的失敗經驗沒有改變他的傲慢，他只在意自己的靈通。

如果無法改變個性，無法與人結善緣，如果總是與人爭吵、是非不斷，靈通的意義何在？這樣的人生要如何快樂呢？信仰的目的又在哪裡？

因為那些人與人之間的紛擾是非，我遠離了那裡。

幾年之後，廟裡的主持師父過世了，從那天開始廟裡的一切都停擺了，原來在廟裡修行的人們都散了，除了神桌上的神明，什麼也沒有留下，就連廟前幾個銅製的香爐都讓人拿去賣了。

人在，神明在；人散了，神明又何在？如果人都散了，神明是真是假的問題也沒有了意義。

這些年來那些曾經在廟裡修行的人們，還是原來的個性，原來吵吵鬧鬧的夫妻，還是一輩子吵吵鬧鬧，說出來的話語還是像刀子一樣的傷人，為什麼如此害怕因果報應的人，卻不怕造口業呢？既然知道前世造業會帶來痛苦，這一世不是更應該為了來世，好好修心與修口嗎？

這是人心的矛盾，信仰裡如果只有神明的靈通，如果少了道理的學習，少了修身養性的堅持，沒有共同的價值觀，人與人就難以和諧地相聚，那些生活裡的種種煩惱，仍然是找不到答案。信仰，應該是做人的道理，而不只是神明的庇佑。

初識佛法

離開了過去的那間廟，我開始入社會工作，去到上市的電子公司上班，算是讓人羨慕的一份工作，只是日子久了，一直不得重用，慢慢開始成天抱怨公司不好、老闆不好，看這裡不順

眼，看那裡不對勁。

當時的年輕氣盛，或者說是傲慢吧，連新的工作都還沒有找到，便急著丟出辭呈，就算老闆百般挽留也堅持要離開。離職的那天，抱著一個大箱子站在公司大樓前面，到現在，我還清楚的記得心裡那份落寞，彷彿是在後悔自己的衝動，又不願意承認，我想起前兩份工作也是這樣的整日抱怨，最後說辭職就辭職，只是前幾次沒怎麼後悔。

回首這段過程，現在才明白當時的我完全受了抱怨情緒的影響，滿腦子只有情緒，只在乎情緒，也不顧老婆才剛要生下老二，也不管家庭是需要這份薪水的。是什麼造成了這個結果呢？就是那不受控制的情緒，就是自己的個性。個性決定了命運。

在找工作的那幾個月，心裡一直有著無助的感覺，不知道如何安定自己的心情，不知道如何安慰自己，不知道到底怎麼做才對，面對未知的將來，更不知應該如何面對自己，雖然看了不少心靈成長的書，卻始終無法安心。

當生活一切順利的時候，也許人們會願意相信自己，但在人生走到困境時，當不敢相信自己的時候，我們就變得容易接受信仰，願意嘗試改變，期待信仰可以指引方向、安定自己的心情。

這段日子，我開始接觸禪宗的佛法書籍。禪宗那些直指人心的公案與思想，讓我開始認識佛法、參悟佛法，在佛法出世的思想裡，我找到了全然不同的安定感受，藉著出世的思想，安定了那些入世的煩惱心。接著又研讀了《金剛經》、《楞嚴經》與《六祖壇經》，在佛經裡見到了佛法嚴謹的理論架構，也體會到

佛法清楚而分明的邏輯，於是佛法成為我那段日子的信仰。

在那十幾年裡，雖然有份待遇不錯的工作，但是我個性上的問題仍然沒有太大的進步，與主管的相處總是有著隔閡，老是覺得自己工作能力不錯，卻始終沒有一展身手的機會，與妻子的感情時好時壞，兩個人的價值觀沒有共識，隨著孩子長大，管教的課題也不斷考驗著我，孩子們也開始畏懼我的情緒。

在工作、夫妻、管教孩子，還要照顧父母的責任上，有太多瑣碎的問題需要煩惱，雖然佛法的出世思想、靜坐的功課，可以短暫幫助我放下煩惱，但是在每天忙忙碌碌的生活裡，我仍然不知道如何解決那些問題，不知道要如何積極進取，更不知道要如何快樂。

「如何得到老闆的賞識？」

「怎麼處理與妻子對立的那些觀念？難道真是我的錯？」

「怎麼管教孩子呢？糾正孩子犯錯，不是父親該做的事嗎？」

「怎麼才能對自己滿意呢？要怎麼才能快樂？」

光是獨自學習，沒有老師指點學習重點，我無法看見自己的盲點，在書上看了那麼多的方法與理論，就像是一塊一塊的積木散落一地，沒有辦法整合，我也不知道到底要聽從哪個理論，也不知道如何在佛法裡找到答案。

信仰，是做人的道理，那時的我還沒學會這樣的道理。

見過濟公師父

第一次見到濟公師父，師父第一句話就問我：「你快樂嗎？」

在迷惑的心情裡，我不知道要如何回答。

師父送了我一首籤詩：

　　燈塔欠火未入心，照海之面無火光。
　　船隻後光走尾數，木心之路心內糟。
　　雙捆之明雙捆擔，萬鬼削皮珍惜面。

詩的意思是這樣的：「我此時的處境就像是一艘航行海上的船，本該要指引我方向的那座燈塔，卻沒有了光，海面上一片漆黑，沒有一點光亮，前路茫茫沒有方向。這時只能看到其他船隻的火光，感覺自己的運途來到了低點，麻木的內心只有煩惱而已。外在的挫折加上內心的自責，加重了心裡負面的情緒和想法，更加害怕踏出下一步。內心只有萬箭穿心的自責感受，越是害怕犯錯，越是想要保護自己，更加地在乎面子，旁人一句無心的話，都會觸動敏感的神經，讓我情緒失控。」

原來我才是那個傷害自己最深的人，自責與懷疑的情緒會讓自己進退兩難，不能容忍自己犯錯的想法，讓自己沒有了退路，不原諒自己，更不願意包容別人。沒有一個指引方向的信仰，也無法解決這些煩惱。

師父說：「一個人不需要檢討自己，越是檢討自己，個性就會越凶惡，因為他無法原諒自己，就更加無法原諒別人。

「遇到錯誤，我們就是告訴自己，要承擔結果、調整做法，明天重新開始，不要責備自己，要善待自己。那不是犯錯，只是還沒有學會對的方法，要記得，你只是需要學習，要改變思想，你才會快樂。

「在工作上，就要注重倫理與感恩，對於主管要全力配合，主管交代的每句話都要接受，學會認主，工作運途就會一切順利。這個世上並沒有所謂的懷才不遇，問題在於你能不能創造讓別人善用的價值，然後才會有受人重用的機會。

「人生啊，就是要快樂，凡事要相信自己、鼓勵自己，把原本快樂的心找回來吧！」

師父點出了那些年我工作上的盲點，是因為我沒有學會職場倫理，也不懂得如何被人善用，於是引導我開始學習那些道理。

師父點亮了我心裡長久的鬱悶與不快樂，原來這就是被人了解的感覺。師父知道我的痛苦，也知道我的問題，更知道我需要的是什麼樣的教導方式，每句話都讓我感到受用與關懷，這就是師父與我緣分的開始。

師父用好幾年的時間，一點一滴引導我做出了改變，從接納自己開始，然後慢慢改善我與主管、妻子、孩子之間的關係。終於找到了方向，找到了人生的導師，我總算明白未來努力的方向在哪裡，總算能夠安定那顆不安的心。

師父的用心

這些年來的跟隨，讓我知道師父說的每句話都有用意，有時師父也會故意說出相反的話。

某次我與妻子為了孩子管教的事大吵一架，夫妻吵架，很容易翻起了舊帳，新仇舊恨湧上心頭，越想越氣，氣得不想跟她說話，剛好隔天去了廟裡，我什麼話都還沒有說，師父開口了：

「靜觀，雖然你太太不讓你買想要的東西，你自己要表達動機，想買什麼就去買，薪水是你自己賺的，當然可以買，師父支持你。太太如果對你不好，那你就要對自己好一點，有什麼話就去說，不用煩惱。」

師父這話讓我楞了老半天，因為我的心裡相當清楚，在家裡，不管我有什麼想買的東西，妻子從來沒有第二句話，無論價格多麼貴，她會順著我的意思去買，平日的生活起居，她也是無微不至的打點，師父這段話不是真的，但是讓我想起了她平日對我的種種好，心裡原先生氣的情緒忽然就消失了，也不再糾結。

師父這段話喚醒了我對妻子的感恩，後來每次妻子為我做了什麼、為家人做了什麼，我就會在心裡提醒自己要感恩，提醒自己「我是幸福的」，提醒自己不要忘了這一切，不要為了一件小事，而忘了她付出的一切。

和妻子之間那些過去的不愉快，師父教導的方法並不是一一調解，而是不斷增加我對自己的滿意，不斷增加我對妻子的感謝，過往的情緒問題自然被放下了，夫妻間的感情也這樣逐漸變得完整，回到家的氣氛就是歡笑的，我面對孩子也有了更多笑容。

這就是師父靈感的教導方法。師父彷彿總在身邊，總是知道我的生活發生了什麼問題，知道我心中的盲點在哪，還知道如何引導可以轉變我的心情。

不久之後，師父重新提起了這件事，笑說：「如果那天，師

父直接勸你不要生氣，你的心還是會在那些生氣的事情上打轉，凡事如果直接說都不會有效果。為什麼師父要犧牲靈感，故意用相反的方式說話呢？就是為了導引出你心裡的感恩，你才能找回原來的動機與心情，你現在已經明白師父的用心，這就是師父教導你們的方式。」

這就是師父不同於常人的教導方式，特別打動人心，一切是為了我們的改變。

轉變天命

「帶天命」這件事情一直讓我記在心上，只是不知道要如何做，也不知道是不是真的要做，而我的母親在宮廟修行這條路走了幾十年，她也一直念念不忘我的天命，等著我要回去家裡安宮濟世。

說到母親，她平日盡心在做神明的事，只是她與父親總是爭吵不斷，這次特地來與師父結緣，想要明白如何解去夫妻之間的種種痛苦。

師父說：「開智慧是你現在最重要的任務，其他的事都不重要，先要讓自己開智慧，開了智慧之後，心裡才不會感到痛苦，師父要送你一句話『心苦，不如行動，行動，不如安靜；思考之心萬事起，思考之愛萬事來。』家庭溫暖才是重要啊，如果修到家庭一團亂糟糟，這樣還叫做修練嗎？」幾句話點出了母親心裡的煩惱，她點了點頭。

與其忍受心頭的苦，不如採取行動改變自己。與其貿然行

動、貿然說話，不如先讓自己靜下心來思考。這顆心如果能夠
參悟道理，能夠悟得智慧，就會明白要如何應對一切，就能找
回心裡的慈愛與和善。這樣，才能找回家庭的溫暖，這樣，才
是修行者的修練。

習性如老虎，修行就是打虎

師父說：「辛苦你了，你這一生的努力打拚，辛苦地感受如
心入道。不管你想要怎麼做，其實都不重要，最重要的是你堅
持到底的心，這顆心要堅強，不可以有怨嘆。所謂是，怨嘆無
了時，怨嘆失了德，怨嘆失了福。不管你做了再多功德，只要
一句怨嘆，那些福德就會全部被掃空了，千萬要記得，要修口，
不要有怨。

「怨嘆的習性要怎麼改變呢？讓師父打個比喻，在山上有隻
老虎，所以你平時總是不敢上山。但是為了家人，你必須要上
山一趟，你的心裡仍然害怕老虎，進退兩難的感受就好像你這
輩子心裡的痛苦，想要前進卻又不敢前進，你要怎麼辦才好呢？
所以，你要面對心裡的恐懼，這老虎就是你的習性，你有幾個
選擇：

「**第一，學習模仿。**我們要培養實力打倒這隻老虎，要學習
道理，好轉變習性，不要害怕習性。

「**第二，善待自己。**我們可以和老虎成為朋友，你要接納自
己的習性，不要討厭自己，不需要責備自己，要接受已經發生
的事情。

「**第三，掌握自己**。我們要能知道老虎出沒的時間、知道牠的習慣，所以你要知道自己的習性在什麼時機、場合會發作，適時拿出方法控制習性，而不要讓習性控制自己。

「既然有了動機要上山，既然想要修行，那就不要害怕，許多事情都要靠自己去學習模仿，你才會明白要如何做事。」

一顆怨嘆的心，習慣抱怨的習性、放任情緒的習性，決定了我們的說話與態度，也決定了我們是否能夠守住口德、是否能夠護持過往的福德。不用害怕習性，也不需要用前世的因果嚇自己，我們需要的是學習方法、了解自己，並且善待自己，學著掌握自己的心，就能掌握自己的命運。

靜觀天命

師父說：「跟隨神明當然是件很好的事，但是神明無所謂真假，無論有沒有神明，每天都要照著應有的道理、規律去做事，一切都是自然之心。所以師父問你，你覺得靜觀日後也要當神明的代言人嗎？」

母親回答：「我的師父說，他的天命就是要做代言人。」

師父笑了笑說：「師父來這世上是來了緣的，就像師父與靜觀有緣分，師父不希望他做代言人，只要他用自己的智慧傳心，用他的智慧去宣傳，把他在廟裡所認知、所看到的事寫下來，流傳百年，這樣他的任務就完成了。一切都要靠他自己的智慧，與他自己的感受。」

什麼是天命？

如果我們可以明白自己的價值，能夠學習如何發揮自己最大的價值，學習如何利於眾生，那就是完成天命了。要如何活得不枉此生都是自己的選擇。師父這段話，也在改變母親的想法。

母親笑說：「這樣也很好，這都要感謝師父的教導啊。」

樂心透心

師父說：「這世上發生的一切都是在磨我們的心，如果你的樂心能夠透心，自然就能夠涼心，就是人說的透心涼啊！但是，你的樂心如果無法透入心裡，原來的樂就會變質，就會變成苦。只要能讓你的心裡透入快樂，快樂就會像是森林中的芬多精，讓你渾身清爽，看什麼都順眼，只是現在的你，心情不好的時候看什麼都不順眼。

「如果你多聽聽師父跟門生的說話方式，就會發現這裡的人們都是帶著快樂的心情說話，彼此總是保持著融洽的感情，這樣是不是很好呢？

「所以，修行的人要知道自己的苦在哪裡，才會知道要去轉化自己的痛苦為快樂，才會時時提醒自己，要保有自己的樂心。當你的心能夠透入快樂，能夠轉變為芬多精，不管你是在面對神明或是面對人，都不會因為別人的觀念不好，不會因為人的緣故而思想退化。

「有心修道的人不可以有比較心、計較心、嫉妒心和占有欲。這個心如果能夠想開，你就會快樂了。希望你和師父結緣回家後，這顆心能真正地打開，而不只是表面的快樂，師父要的是

能夠穿透內心的快樂。

「有的人雖然懷著慈悲的動機行善，如果心裡無法想開，如果無法快樂，在人前也只是強顏歡笑，那是為什麼呢？那是因為快樂無法透心，他不知道要放下比較心、計較心、嫉妒心和占有欲，所以心裡會有怨。日積月累，心胸就會越來越狹窄，所以只能擁有臉上的快樂，他的快樂早已經變質為苦，這就是師父要你想開的原因。」

母親點了點頭。

師父吟道：「**心中不疑，若識之心。**希望與師父結緣後，你會有完全不同的感受，希望你能快快樂樂過日子，去吧。」

真正的樂心，是滲入內心深處的快樂，快樂入不了心的原因，是因為還有著計較、比較、嫉妒和占有欲，那就是習性的起源，我們需要辨識它、察覺它、放下它，試著不要在情緒中找答案，試著找到真正的快樂，感受一下，放下那些計較感受之後的輕鬆，也許就能找到人生的芬多精了。

家庭就是道場

回家的路上，母親說廟裡的師姊告訴她：「家人，就好像一大桌的菜，有的菜你喜歡吃，一定也有幾道菜是你不喜歡的，但是我們不能比較好壞，要接受每道菜，要用快樂的心面對。」

母親說她明白了，不需要去計較誰好誰壞，對待家人的心不應該有所分別，就像師父教導的，要修家庭的溫暖，這是修道人要做的功課。

生活就是道場，家庭就是道場，我們要修的不只是表面的喜悅，更要修內心的真正快樂。真正的笑容是從內心發出的，不要讓心裡的怨掃去了我們的福德，比較心與計較心、嫉妒心和占有欲，就是像老虎一般的習性，我們需要學習如何降服習性，這才是真正的修練。

妻子的改變

剛剛開始跟隨師父學習時，因為前一段信仰的不順遂，妻子對於師父一直敬而遠之，她不願意把命運寄託在神佛身上，不希望過去的舊事重演。但是，漸漸隨著她對於師父的認識，隨著我的改變，她從一開始的懷疑慢慢變為好奇，最後終於明白了這份信仰並非原先想像的那樣，心甘情願地當了師父的門生，願意付出時間學習。

她的改變是怎麼發生的呢？是神佛的力量感動了她嗎？不是的。神蹟的故事她聽得多了，對她來說，那些神明靈感的故事聽得再多，也只是別人的故事。只是這次的故事是發生在自己身上，是她那個原本漸行漸遠的丈夫，終於一天一天的有了改變，變得笑口常開，不再情緒用事，也不再有相互傷害的冷戰，她找回了婚姻的幸福感。她明白，這個認識了三十多年的男人是多麼倔強，又是多麼難以說服，她感謝師父，讓她找回全新的丈夫。

「學習道理的目的，是為了對付自己的個性，好改變別人對待我們的態度。你改變了，身旁的人自然會開始改變，不要等

著別人改變，從自己開始！」師父總是這麼教導，我也這麼深信著，因為那是我自己走過的，如果沒有自己走過，就不會有真正深刻的相信。

神，就是你的感受；
道理，就是你的感覺；
實行，就是你的體會。

因為有了自己的實行與體會，所以感受神的存在與道理的真切，所以願意相信；相信的不只是神明，更是相信自己。

你願意相信嗎？

不要相信，除非你自己親身走過一回。

濟公活佛的意義

濟公道，為什麼值得相信？

佛法就是活法

師父說：「什麼是濟公活佛？濟公活佛就是沉移於人世間、佛法人性中，不以常眾之現。」

濟公禪師的佛法，是生活法，它沉移在每個人間故事裡，實現在人性之中，表現在與人說話、應對的方法，卻不是用常人理解的方式呈現。因為打破了常人的思考方式，所以讓人意想不到，更能夠點醒人心、讓人恍然大悟。

不以常眾之現的教導方式，是什麼樣的教導呢？

你入錯行了

有位業務員私下透露自己最近去算了塔羅牌，塔羅牌老師說他不適合走這一行，讓他覺得很困擾，所以才想來請師父指點方向。

他坐下後，師父說：「你知道自己的人生、自己的未來在哪裡嗎？你想要努力工作，你想要有經濟基礎，你想要開開心心在辦公室裡坐著就能賺得到錢，這樣有可能嗎？」

業務想了想，說：「有可能啊。」

師父說：「是有可能，但是你現在選的工作，並不是在辦公室裡講講電話就可以賺到錢的，換句話說你入錯行了。你看師

父坐在這裡說話，也像在工作，但是師父與人們說話不是工作，而是師父的興趣，就是如何在與人說話的過程裡看見事情。聽師父講個故事吧。」

聽師父這麼一說，業務心裡想，原來塔羅牌老師說的是真的，接下來要怎麼辦呢？自己在這工作上努力了這麼久，好不容易做出成績了，真的要放棄嗎？

柳丁樹下的狗

師父說：「有隻狗來到一棵柳丁樹下，看到樹上有好多柳丁，牠好想吃啊，於是一直跳啊跳的，但是怎麼跳也咬不到柳丁。這隻狗要怎麼辦呢？牠可以選擇去找人來幫忙，也可以想辦法找個工具來摘，但是牠卻選擇了最差的一條路。牠自言自語地說：『這柳丁應該很酸又不好吃，等它變好吃了，我再來摘吧！』說完就這麼走了。

「為什麼狗會這麼說呢？因為牠還沒有能力處理問題，只好為自己找藉口，因為牠要面子，怕別人說話，怕別人取笑，所以也不敢找別人幫忙解決問題。這個故事送給你，你明白為什麼師父要送你這個故事嗎？」

業務員笑了笑說：「教我不要愛面子。」

師父笑說：「哈哈！你有愛面子的毛病嗎？」

業務立刻點頭說：「有！」

師父說：「千萬不要愛面子啊！愛面子的女人容易養出渣男，就像故事裡的狗一樣，牠沒有能力解決問題，牠不好意思把問

題說出來，只能編個謊話欺騙自己，假裝沒有問題，但是問題總是存在著，別人也幫不上忙。那些給我們製造問題的人，卻還是不斷製造問題，我們不知道如何處理，只好任由他慢慢變成渣男。該找人幫忙時就要開口，隱藏問題只是養虎為患啊！」

不以常眾之現

業務仍是一臉困惑，師父又故意問：「你是做哪行的啊？」

「跑業務的啊！」

師父一邊抓頭，一邊煩惱的說：「唉！這下糟糕了，該怎麼辦啊？你不適合這份工作，趕快轉換跑道，趕快找一間大公司去上班吧。師父就直接告訴你，你真的不適合這份工作啊！」一邊說還一邊搖著頭。

業務聽了，心裡更緊張，一句話也說不出來。見到業務心慌的樣子，師父才露出笑容問說：「就像故事裡的狗一樣啊，這份工作適不適合你，難道需要別人告訴你嗎？」

業務仔細想了想，才說：「不需要，適不適合是自己決定的。」

師父點點頭說：「對嘛，自己說了才算數，明白嗎？不要再煩惱了，好好加油吧！」

業務終於恢復笑容，也鬆了一口氣。

師父從一開始說的話，就在布局、鋪陳最後的結論，意料之外的反轉結局特別能夠打動人心，師父也在點醒人們，凡事不要相信命數，一切都要相信自己。這就是濟公師父教化人心的方法，不以常眾之現。

信仰濟公道

師父問：「你們跟隨師父學了這麼久，知不知道什麼是濟公道呢？」

有的人說是學習模仿、有的人說是樂心、有的人說是熱情，許多人講了許多的答案。

師父說：「什麼是濟公道？你們說的那些答案，全部都是。濟公道就是無心自然，是快樂之道，沒有什麼標準答案。

「濟公道就是遊戲人間，就是活在生活之中，活出自己的經驗與理論。自己的理論，就是你們人生快樂的泉源。」

濟公道是生活中的引導，引導我們如何在每天的生活裡，學會做人處世的道理。我們在濟公道之中得到了屬於自己的經驗與理論，那就是我們的快樂泉源。要活出自己。

師父說：「如果你們不相信神明的存在、懷疑神明是真或假，那就把師父當做是人吧！聽看看師父講的話有沒有道理，是不是符合邏輯，聽聽看師父的話裡有沒有內涵。」

神明的真假無法說明，道理的實用卻可以自己證明。

人生禪自備

師父站了起來，說：「說到拜神，不管拜的是什麼神，有件事情不會改變：想要靠拜神發大財是困難的，那是無法長久的。凡事只有靠自己啟動，要做出一個完全不同的感受。當自己想要走出一條不一樣的路，很簡單；但是當別人告訴你，這條路

能走或是不能走，當下你一定是無法確定的。」

師父一邊踏出了右腳，一邊說：「你一定要先踏出一步。踏出這步之後，不管這一步是痛苦，或是受傷，你都必須自己承受，你才會明白接下來要如何繼續走，要怎麼調整下一步。你們有時間要常常來聽師父說話，師父並不是要教你們做事的方法，也不是要指點你們的行動，師父說的話是要讓你們自己去啟動。如果沒有啟動，一切都是假的。

「一個人如果想要成功，成功需要的能力與條件必須靠自己去追求。能力，是在他的失誤與失敗之中得到的，是藉著學習與模仿得到的；先試著去做，然後在做的感受中，才會明白如何學習方法、如何模仿別人的成功經驗，這樣才能彌補自己不足的地方。千萬不要傻傻的只想把事情做完，卻不知道學習與模仿，而白白浪費了經驗，師父希望你們可以有個不一樣的人生。

「你們要相信師父嗎？不要相信！只要你們自己能夠啟動，每個人都能找到自己的感受，不一樣的感受。人生在世，不要留下遺憾。什麼是遺憾？就是錯過了自己的動機。凡事要清楚自己的動機，無論處理什麼都要敢做敢說，才不會留下遺憾，懊悔當初為何不敢做。希望你們凡事都能快快樂樂的面對。要為自己！只靠拜神不會成功，要靠自己才會成功。

「人生，禪自備。你們自己要有不一樣的看法，自己改變了，身邊的人們才會改變，你們的家人、朋友才會改變。想要發展事業、想要工作順利、想要有機會升遷，人際關係、做人處世的功課一定要修，有了好的人際關係，你們才會有能力推廣自

己的理念，才有機會成功。」

在學習濟公道的路上，因為有師父的靈感點醒，精準指出了問題，讓我們不必再走冤枉路。因為有師父教導的道理，讓我們自己找出改變的方法，活出自己的經驗與理論，引導我們相信自己，也快樂自己。

因為有著共同的興趣，有著一群共同學習的師兄師姊們可以相互學習，共同分享學習的心情，找回生活的熱情，找回工作的熱情，每天的學習、改變，一切都是靠自己。自己的快樂，靠自己做起。在濟公道裡就是這樣的道理，自己的人生，靠自己掌握，要依靠自己，要找回自己。

第二篇
明教導

　　濟公道，就是遊戲人間，就是活在生活之中，活出自己的經驗和理論，經驗與理論則是來自於道理。

　　與其懷疑這世界上有沒有神明，不如學習實際可用的道理，聽聽濟公禪師帶來什麼樣的道理。

🍐服務自己，活在生活

每天辛苦工作為的是什麼呢？面對煩心的工作，要如何才能保有鬥志，還能夠快樂地面對生活呢？

師父問門生：「在濟公道之中，有三大根本：經濟、養生、道德，你認為哪個比較好呢？」

門生回答：「養生是基本，有了身體健康才能拚經濟。」

師父搖了搖頭說：「如果沒有賺到錢，你要如何養活自己？更別談到養生，如果沒有賺到錢，又要如何談道德呢？好比說師父問你，有個產品原本賣五元，但是這個產品現在缺貨，大家都在搶購，而你剛好需要賺錢，所以你把價格拉高到了一百塊，這樣符合道德嗎？」

門生想了想，心裡有些猶豫。

師父說：「這就是師父說的，先要有經濟，才會有道德，所以在經濟的『利益』之中，沒有道德的分別。只要我們沒有刻意欺騙別人，經濟不過是市場機制的運作，在商言商，市場機制就是一個願打、一個願挨。貨源不足，市場的價格自然會被抬高，而庫存過多，我們也必須降價求售，這都是市場機制的自然法則，自己要明白甘願，所以這個時候就不需要考慮道德，因為市場行情時時在改變，要懂得變通，要知道如何靈活調整方法，要知道如何應對時時改變的局勢。

「做人也是一樣，如果一個人欺騙、胡鬧，那就失去了道德的分別。在社會上，就要知道你是如何與朋友相處，要知道你

自己的感受，要思考如何在生活之中做出道德的分別，要知道如何符合道德，要知道哪些行為違背道德，要做出你自己的分寸。」

商品價格是市場機制，與道德無關，但是在社會上與人往來，就要知道如何有道德的分別，什麼能做，什麼不能做，要適時分別經濟與道德的不同。

師父用扇子輕輕拍了門生的頭，說：「師父的話很重要，你要聽懂啊！有的時候，你明白做生意的願打願挨，卻又覺得自己做錯了事情，其實你只需要學習與分別經濟和道德的不同，心裡就不會困惑，然後你就能夠快樂了。

「就像每天領公司薪水，就是快快樂樂去工作，該做什麼就去做，該承擔就承擔，不需要一直擔心下屬有沒有認真做事，不需要在無謂的擔心上浪費自己的青春，也浪費別人的時間。

「人生就要有鬥志，如果失去了鬥志，如果不能滿足自己，遇到逆境與困難，這個人就會失敗。所以你要滿足自己，要找到自己的鬥志，每天讓自己充滿開心的感受。你的心情雖然有改善，但是每天都有著『哀』字在心裡，你要把這個『哀』字拋棄。

「靜觀，師父問你，領薪水是為了服務自己，還是服務別人啊？」

忽然被點名，我不加思索回答：「是為了服務別人。」

師父搖搖頭說：「錯誤啊！工作是為了要服務自己。當你明白工作領薪水是為了養活自己，面對工作就不會有怨，不管做什麼事，你都會心甘情願，也不會與別人計較、比較。明白了

這一點，你的心情就會更好，讓自己快樂，就是『服務自己』。所以，追求經濟是為了服務自己，當你懂得服務自己的快樂，你才能夠用快樂的心情去服務別人，然後在工作上才有道德的分別，你就會知道什麼事情可以做，什麼事情不該做。這就是師父前面說的『先要有經濟，才會有道德』。有了道德之後，才有養生之道。所謂養生，就是保持心情愉快，不與人生氣，能夠出口成章，也就是不管說什麼都是好話，不與人鬥，也不與人爭。所以在三大根本之中，經濟才是最重要的，用經濟滿足了自己，才有快樂的鬥志做其他事情。

「你們如果想要真正明白道理，就要實際應用在生活，不要一直在自己的想法中打轉，如果只是空有理念，卻沒有實做的經驗，就無法做出判斷，會變成一個書呆子。不要被自己受過的教育、觀念限制住，要在生活中實際的體會，累積實做的經驗。

「什麼是濟公道？濟公道就是遊戲人間，就是活在生活之中，所以要在生活中、在工作中活出自己的經驗和理論，這樣的理論就是你們人生快樂的芬多精。

「想要活得快樂，就要學習濟公的自由自在，我們既然知道要付出，就是每天心安理得地付出，只要用心活在生活之中，就能夠改善自己，就能保有每一天的鬥志。

「一個人不能沒有鬥志，如果無志，人就會變得頹喪，接下來便是情緒，就會整天抱怨與說人是非，是非就是這麼來的。只要學會如何活在生活之中，你的每天都會覺得開心，也會為你的人生帶來更大的幫助。」

　　濟公道談的是如何走入日常的生活之中，如何面對工作、如何面對家人與老闆，要如何解決每天面對的問題。俗語說「先顧腹肚，再顧佛祖」，填飽肚子是最重要的，如果我們這一餐吃完，卻還不知道下一餐在何處，那樣的心情是不是痛苦呢？所以明白工作的動機，是為了填飽肚子，調整工作的心情，藉著工作中的歷練成長自己，這就是服務自己，一步步學習如何做個領導者、在工作中成就自己，創造自我認同的價值，能夠快樂自己，為了自己的成長而打拚。

　　所以濟公道首先重視經濟實力的培養，然後才會有養生與道德。經濟實力要如何成長？就要從學習與模仿開始。

領導者

師父一個個問我們：「你是領導者嗎？」，結果沒有幾個人大方承認。

師父說：「想要跟隨師父學習，就要用領導者的心態學習，學習一個領導者要具備的能力。」重點不在官階、職稱，也無關是不是已經做到主管；我們要從內在奠定學習的心態，要以領導者自居，那並非膨脹自己的傲慢，也不能貶低自己的價值，不要用外在成就與否評斷自己。我們是以領導者的身分學習，領導自己的心，領導自己的思想，更要像領導者一樣的承擔，知道自己的不足，更加虛心學習，學習如何選擇，學習如何承擔自己的選擇。

我是領導者

許多時刻，我們在家中面對父母或孩子、面對另一半，有些話語就是開不了口；在公司，面對老闆，甚至下屬，總會有些不知道怎麼表達的事情與感受。

「為什麼你們不能了解我的苦衷呢？」

「為什麼你們不願意好好聽我說話呢？為什麼不願意照著我的意思去做？為什麼不做對的事情呢？」

「算了吧，他一定不會聽我的意見。」

也許是以前開口講過，也許當時沒有把話說好，引起了衝突；也許是不想再有衝突，所以習慣了閃躲那些麻煩的問題，

但是心裡這些無奈的感受，會讓我們糾結在對錯之中，不斷想要比較，比較誰的想法是對的，想要證明自己，想要相信自己是對的，卻不斷與別人拉扯。

先把那些聲音「放著」吧，試著融入一個領導者的角色：不管我們的角色是晚輩或長輩，無論我們的角色是下屬或是主管，也不管能力是好或不好、聰明或者不聰明，我們的心態都可以是領導者，告訴自己：「我就是領導者」。

領導者，領導自己的心態與思維，承擔自己的每個決定。領導者知道自己當下的角色是什麼，然後領導自己，對長輩溫順地說話；領導自己，對主管心甘情願地接受配合；領導自己，耐心對待家人；領導自己的情緒，告訴情緒要好好善待自己。領導自己，每天對抗自己的習性，學習如何更加融入角色，思考自己的說話應對是不是還有調整空間。領導自己，每天的學習、模仿、奉獻與付出，用學習模仿改變內在思維，用奉獻付出改變外在的因緣。

問題不是要或不要開口，也不在於誰對誰錯，問題在於能不能明白當下的角色與動機，能不能學會選擇與承擔，放下自我的堅持與情緒。

學習改變自我的選擇與承擔，我就是領導者。

學習的動機

廟裡買了許多的大白柚，大家輪流來和師父猜拳，猜贏的人就可以抱一顆回去。某位門生猜拳輸了，師父問：「很多人都猜

贏了，為什麼你會輸呢？」

門生說：「因為我很少來，我以後要常常來，才會猜贏。」

師父笑著點頭說：「說得好，任何事情都要先問問自己動機，心裡就不會有怨，要記住這樣的感受。

「什麼是動機呢？就好像是說，你想要改變，你想要追求，你想要學習，就要知道自己要學習什麼，有那麼多的事要學習，當然不是學習自己能力之內的事情，不是學習你本來就知道的事情。

「做事遇到困難，就代表我們的能力不足，遇到智識的問題，代表書讀得不夠，如果遇到事情卻不知如何動手，就代表經驗不夠。感受一下心裡的不夠、不足，這就是我們學習的動機起源，想要改變那種感覺，帶著一點好奇心。

「想要知道有時候我們說的話無法說服別人，該怎麼辦？那就要注意自己說話要有條有理，要注意時間管理，要知道在這個時間該做什麼，而不是只看眼前的環境條件，不是只聽別人講，要有自己的思維，還要知道往後該做些什麼。

「該做什麼事情，先要問問自己的動機，不要受到別人的影響，要明白自己該要求什麼、該追求什麼。好比老闆今天要你做二，要你這段時間都做二，一般人大概只會把二做好，卻不會去考慮一，也不會想到三、四、五的事有沒有人做。

「然而，身為領導者看事情的角度就不一樣，對別人的要求就要不一樣，當你做二，但是沒有人做後續三、四、五的時候，你就應該派人去顧著三、四、五的工作。如果你都沒有指派，

那就不要責怪下屬沒有主動去做好三、四、五，因為那是領導者的承擔，也是領導者要學習的經驗。

「經驗不足的時候，你就會覺得事情不順心，其實不順心更要提醒自己放輕鬆，這個時候急也沒有用，人說急事緩辦就是這個道理。

「對於領導者來說，只有越來越多的難關難事能夠一一突破，他的位子才會越來越穩。日子如果總是太平無事，那就代表他的位子早晚要被別人取代，明白嗎？」

門生回答：「所以越忙越好。」

師父點頭說：「要跟隨濟公師父就要有心追求，自己願意奉獻付出，凡事甘願，你的心要如何改變呢？來到廟裡並不一定就能改變，那麼你要如何改變自己的心，讓這顆心可以得到安慰呢？

「遇到什麼事，有什麼問題就告訴師父，師父就會提醒，讓你自己回去思考，你要知道如何求自己好好努力打拚，要如何把自己的生活與家庭照顧好，你的事業和家庭之間有什麼關係，必須自己去分別。

「家庭，是因為我們今日的責任與愛惜，我們有體諒之心，在事業上，我們則有一顆打拚的心，我們是要選擇努力發揮，還是要讓自己度日如年呢？或者想要讓事業成為家庭的後盾嗎？這就是一個分別的想法，是要積極，或是退縮，就是你自己要做的選擇，明白嗎？」

門生點點頭。

師父說：「所以師父今天提醒你，凡事要知道自己的動機，然後分別自己關注的事是什麼，每件事情都要關注它的後續發展，要記得安排人員去執行，要幫忙注意與提醒，這就是領導者要做的，這就是與人同樂。懂得這樣的做法，你才能夠進取未來。」

領導者要有長遠的視野，每件事都能看到後續的流程，要善於安排與規劃，有耐心去管理、提醒，讓下屬有機會參與，讓他們學習如何補位，學習如何前後照應，也能兼顧彼此的合作情誼，有了培養下屬的用心，他們自然能學會主動補位的默契，這就是與人同樂的好處了。

領導者的量

師父問：「所以和師父學習，你有進步嗎？」

門生回答：「有，但是我回去還要再想想。」

師父說：「不用想，說得到，就做得到。想得太多，遇到事情反而會退縮，遇到不順眼的事，遇到不順心的人，就會忘了自己原來的動機，所以，我們需要培養自己的『量』。量，是測量的量，是對未來的前瞻性，是未來的目標。在家庭、事業上，領導者就要培養自己的『量』，處理事情時，我們就是表達動機、耐心處理，不必怕事，也不需要情緒，這樣你的心才會進步，才會更堅強。」

量，是測量的量，量測未來的前瞻性，量測未來的目標有多麼的遠大，所以願意包容當下的不順眼和不順心，眼前的種種

不順利，都是為了累積將來需要的經驗與實力，因為懂得測量，所以有了肚量，這就是領導者的量。

🍆 認主的功課

有時會不會覺得人生只有目標，卻沒有方向呢？或者，不知道哪個方向才是對的？是要相信自己？還是要聽別人說呢？

「苦心經營的公司，明明製造的產品品質很好，為什麼卻賣不好？」

「每天認真工作，明明能力比別人好，為什麼升官總是輪不到我？」

「老闆交代的事明明都做到了，為什麼他還是不高興呢？」

其實，就是一個重點：跟隨主流。

小水滴要跟隨大河才能抓到努力的方向，而能去向大海，不會一直停留在原地。

人為什麼會沒有貴人運呢？產品的貴人就是客人，職員的貴人就是主管、老闆，先要看清楚貴人的方向在哪裡，明白貴人有什麼煩惱，明白貴人想要的是什麼，我們才能夠左右逢源啊！

越是堅持自己作主的人，越是聰明的人，越是想要證明自己的聰明與能力，總是在自己與別人的想法之中糾纏，所以老在無意之中失去了貴人。

由心而發的認主

認主這門功課，師父打從第一天見到我就不斷叮嚀著，既然是個聰明人，更要懂得倫理，老闆講的每句話都要聽，不可以有第二句，如此才能夠得人疼啊！所以前幾年，我一直認真調

整口頭的順從，絕對不跟老闆唱反調，就算心裡有些反對意見，我也不會講出來。雖然沒有講出來，但是師父好像都聽見了。

師父說：「靜觀，認主，是要為別人分憂解勞，要有一份敏感度，要能夠主動、敏感地察覺別人的需要。既然你要做到認主，就要從心而口做起，先把心改變好，把自己該做的一切好好改變。師父教導的一切，你們要從心做到，一切都要做得到。不管領導我們的人說了什麼，就算明明知道這件事情會失敗，也照樣去做，這就是濟公道的認主。這個關卡你一定要走過，以後才有機會成功。」

原來，光是口頭順從老闆是不夠的，前幾年我只是口頭順著老闆的意思做事，卻沒有在心裡真正順著老闆。口頭的順從只是做到沒有冒犯，真正的順主是要建立自己的敏感度，提前發覺老闆的煩惱，比老闆還要先明白他想做的，提前布局準備。有了為別人分憂解勞的心思，做出來的態度、積極度才會真正的改變。

先認主，才有成功

師父舉起拇指說：「你要知道，學會濟公道的人，日後一定是這個。絕對不會是這個（師父比了比小指）。」

「但是，要成為這個之前，一定要先做到這個（拇指），就是認主。師父的門生都是認主的人，一定先要認主，才會成為成功的人，不認主的人，永遠都是這個（小指）。濟公道，就是從認主開始的，去吧。」

　　濟公道都是從認主開始的，是從完全臣服於別人的動機開始的，有些事情就是必須從接受別人的意見開始，能夠毫不懷疑地做一回，才會真正明白別人的明白。就和信仰一樣，如果自己沒有好好做過一回，沒有真實做過的體會感受，這份信仰就難以入心，也不容易長長久久地相信它。道理如果無法入心，每天仍然在堅持自己、證明自己的想法中拉扯，他的下一步也沒有辦法踏出去，這要何時才能等得到自己體會過的領悟？何時才能夠相信自己？

　　我終於明白，這認主的功課必須更進一步地努力轉變，要從心開始做起。

認主的做起

　　不久之後，經理提醒我，年底快到了，必須為部門做出一點成績，交一張成績單出來，這不只是為了他，也是為了我們的協理。

　　「原來，經理已經在思考怎麼為協理分憂解勞了，我要趕緊跟上了。」於是我積極籌辦了一場專案成果的發表會，約了一些學術單位的教授，也邀請副總與幾位協理一同與會，幫我們協理做足了面子，好不容易每件事情都安排得差不多了，經理忽然想到我們安排的會議室太老舊了，也不夠大，最好把地點換到另一棟比較新的大樓，借一間比較體面的會議室。

　　我心裡首先想到的，要把這麼多的長官移動到另一棟大樓，要喬定副總的會議時程，還要借新的會議室，一大堆執行細節

浮上心頭，那個想要退縮的感覺又出現了。

「老闆的話，不可以打折扣。」師父的那句話響起了，好的，我心裡的問題統統放下，退縮的感覺也放下，我先認主。

「沒問題！我去借會議室，明天再找祕書想辦法重新安排副總的行程，我也準備了公司的小禮物給重要的客人，剩下的細節我都會處理。」

經理滿意了。

雖然在事情當下會擔心，覺得多了許多麻煩事，覺得心裡不如意。「為什麼又要改？為什麼還要多做這些事？」但是，先讓別人如意，自己才會如意，認主之後自己才會甘願承擔那些辛苦感受，懷著熱情去享受那些辛苦的過程，日後才會得到真正的快樂與滿足，因為自己改變了，做到了。

道理入了心，就能修持自己的心。

認主三要

隔天，跟著經理去對副總說明我們改變地點的想法，副總聽完後相當高興地說：「這就是政治敏感度啊，沒問題，就這麼做吧！」

這就是「敏感度」，果然經理的決定是對的，經理再一次表現了他的認主，如果我沒有接受經理的意見，我就不會明白這一點了。最後，專案發表會順利完成了，從經理、協理到副總都相當滿意，除了交出一張漂亮的成績單，對我來說，更大的收穫是我明白了什麼是認主。

認主有三件重要的事情要做：要為主分憂解勞，要有敏感度，要不打折扣、不計對錯地做。

第一，要為主分憂解勞：主動幫上司去想，他有什麼煩惱，他有什麼事情需要我們完成；我們不是要幫他做決定，而是要幫他完成那些該要收尾的事。

第二，要有敏感度：平時就要觀察上司的習慣與想法，注意一些「重要」的小事，試著讓事情更圓滿。

第三，要不打折扣、不計對錯地做：不管上司說什麼，就算明明知道會失敗，也要不計一切去做，只能夠加分，不能打一點折扣。

主，不只是公司的老闆，也包括了客人、長輩，那些我們應當要注重的人，懂得認主才能放下自我的堅持，我們需要了解別人要的是什麼，而不是自己想給什麼。

「你給的，不是我要的。」這就是我們常常犯的毛病，我們若能用心給了別人想要的，自然會得到好的貴人運，一切都是自己的選擇，一切都可以靠自己去改變，不用坐等命運的改變。從心開始認主。

學習第一課

師父每次濟世總會給每個門生不同的教導，教導他們家庭、夫妻或是工作職場上要注意的問題，每個人要學習的重點可能都不一樣，在常年的觀察中，我發現師父對每個人都有特定的教導過程，有時同一個問題會一而再、再而三地點醒，這是為了什麼呢？

一步接著一步的學習

年輕的門生坐下後，師父說：「你既然大老遠來到廟裡，就不要浪費了學習模仿的機會，我們的廟是個學習模仿的地方，你要融入學習的角色。

「好好靜下心來，聽聽師父對每個人說了些什麼，看看這齣濟世的戲是怎麼演的，看濟公師父是怎麼判斷人心、如何布局說話，怎麼開導人性，濟世這齣戲是自然演給你們看的，為的是什麼呢？是為了啟動、啟悟你的心態。

「聽聽師父對別人的教導，比較容易聽到你需要的道理，因為在別人的人生中，有更多讓我們參考和醒悟的地方，可以幫助我們改變心態、也改變思想。

「如果師父教你的第一步，你現在不開始做，師父就無法繼續下一步的教導。

「為什麼有的門生，師父總是對他們講著同樣的問題，就是因為他的第一課還沒有啟動去做，因為他的心態沒有改變，那

就無法學習下一課。如果你不啟動改變，學得再多也沒有辦法改變人生，去吧！」

第一課就是沒有雜念地去做，要放下所有的理由去做，做了才會明白道理是不是真的實用；也許不會馬上見到成果，但是為自己付出了心力，為自己開始了改變，善待自己的感受就會開始不同，才會知道什麼是第二課。

學習的心態

下一位門生坐了下來。

師父說：「師父教導你們，有時就像是在拔你們身上的刺，可能會讓你們感到痛苦，但是師父希望你們轉換心態，不要因為痛苦而有怨氣，你們要虛心學習，才不會一直做個平凡之輩。

「只要學習的心態改變，人生就不一樣了。雖然在家庭或工作上，會有許多事情讓我們情緒起伏，別人說了什麼，長官派了什麼困難的工作，孩子又耍脾氣了，都可能讓我們生氣、緊張，或是生起害怕失敗的情緒，每個人都難免會有這樣的糾結心情。所以你們需要學習，學習如何保持平靜的態度，不管是在激情過後，或者是平淡過後，都要回歸自己的平凡之心，讓心情歸零，對於明天的生活、對於自己的人生，還是要抱著一樣的熱情和熱心，要對自己抱著不一樣的期許。

「什麼是熱情？看看師父每次濟世，要對你們這麼多的人說話教導，至少五、六個小時以上不停講話，也沒有休息，師父還是一樣的熱度和熱情教導，所以要體會師父的用心，無論師

父如何教導，都要把心裡的怨氣排除，不要認為師父在找麻煩。

「拿靜觀來說，師父不斷調整他的思想、行為，是為了讓他在工作上、在家庭中快樂，如果沒有那段調整過程，他不會快樂，他還是會不斷重複以前的鬱悶、不斷重複和老婆生氣的過程。

「從前的靜觀只知道忍耐，卻不會表達動機，一個人的忍耐總有極限，到達了極限就會因為微不足道的小事全部爆發，導致更嚴重的衝突，對婚姻的傷害也會更大。但是他現在學會如何表達動機和調適心情，因為靜觀調整了心態，他願意接受師父的教導，讓過去的錯誤不再重來。

「所以，接受師父的教導吧，學習如何調適心情，不要總是想著自己的忙，不要擔心明天還有多少的事要做，只要今天的工作完成，就要為今天開心，這樣的人生就有意義，就能保持熱情。無論做什麼，記得要為今天的成就自我滿足，不要為了明天擔憂。等到你們不再受到別人的影響，等到你們有了自己的中心思想，就能夠真正做自己。」

改變學習的心態，不要堅持昨日的想法，如果昨日的想法會成功，哪裡會有今天的煩惱呢？

遠離對錯，善待自己

夫妻的感情裡有越多的忍耐，就會有越多的冷淡。在夫妻之間，誰對誰錯的問題是最讓人揪心的，如果沒有辦法解開對與錯的心結，只是用忍耐逃避衝突，最後一定會導致更大的傷害，不如好好表達動機，坦然說出自己的心情。更重要的，是要遠

離「對錯是非」的批評想法。對與錯的看法，就像一支帶著倒勾的箭，射進肉裡感到痛苦，要拔出它將會更加的痛苦。

「為什麼叫我不要計較？明明就是他的錯！你到底站在哪一邊？」是非就是這麼來的。

當別人試著拉我們一把，拉出那支箭的痛苦會讓我們誤會別人在指責自己，就像師父給我們的教導，同樣讓我們感到痛苦，同樣會戳著痛處。

轉個念。

師父說：「不要用對錯看待自己，我們只是還不知道該如何做，要善待自己。」

善待自己，不要想著自己的對，也不要想著自己的錯，只要覺察當下的情緒，專注下一步要怎麼做，停止傷害自己。轉個念，我們還沒學會如何做的事並不是錯，只是還需要時間學習、調整。昨天沒做好的事、先前沒說好的話，今天重新調整，不需要責備自己、不需要折磨自己。

轉個念，也許我們就會發現，那支倒鉤的箭只是我們的想像，人與人之間是可以沒有對立的，只是需要更多的學習與轉變，只是需要付出心力去轉變。但是一切都值得，這樣的痛苦是值得的，因為善待自己是值得的。

走過一次這樣的學習路程，就會明白什麼是改變之後的樂心感受，什麼是濟公道的自由自在。

或許就在那些每天的看開與做起，在自然而然的習慣之中，就像大樹每天都要吸收養分與水分，都要進行光合作用，每天

都要成長，我們也需要每天的學習與模仿。

大樹的吸收

師父說：「每一天的努力不是為了得到什麼，更不是為了別人的認同。每一天的努力是為了認同自己的價值與目標，所以要能夠忍受別人說我們一句不好。我們要懂得如何吸收，大樹吸收水分時並沒有區別清水還是髒水，因為它懂得過濾與排洩。樹木吸收了水，照到太陽，它會行光合作用，然後樹木可以知道如何化水為空氣，如何化水為氣體。這就好像聽別人說一句話，不論他的口氣好或不好，我們都要吸收話中有道理的地方，把他的情緒過濾出來，把他的情緒排掉；我們學習了道理，要把它化做智慧，轉化為做事的方法，才會得到經驗。

「而太陽，就是我們的時間。多多吸收別人的好意，吸收了別人的壞處也不要緊，自己要能夠排洩，別人究竟是好意還是壞意，我們其實也不知道是好還是壞，真正花時間做了之後自然會明白，自然會得到經驗。但是，不要與人辯論，自己要能夠過濾與排洩。

「有些話，也許別人講話的方式、口氣讓你不喜歡，但還是要多聽幾句。所以為什麼師父要教你們熱情呢？別人既然願意教我們，就要熱情地學習、吸收，就像大樹一樣，無論好壞，不管喜歡或是不喜歡，都要吸收。既然別人願意告訴我們、願意教導，表示在他心目中我們就是重要的人，我們是很好的人，要轉變看法。

「記得，聽到不喜歡的事，心裡起了不高興的情緒時，就要用智慧去過濾、排洩。」

試著不要追逐別人的認同，也許我們就不會那麼在意別人說話的口氣好壞，我們就能夠吸收別人的智慧與忠言。

大樹與木頭的分別在哪裡？木頭沒有根，不會再長大了，但是大樹有根，它願意深入泥土，吸收清水與汙水，吸收一切的養分，所以大樹能夠不分日夜地成長，就是因為它的吸收與過濾。

成長是為了什麼？是為了長出綠葉，藉著太陽的光合作用產生氧氣，沒有特別要利於哪一個人，而利於萬物眾生。把心墊高，承受別人一句口氣不好的話，過濾它、吸收它，應用在生活之中，未來能夠利於眾生，這是份難得的福德。

轉變心態就能改變看法，就能夠過濾情緒，不會再有清水與汙水的分別，也沒有好與壞的分別。在每個心念的轉變之中累積福德，一個轉念就是滿足自己，就是善待自己。

🍐什麼是動機

師父常常說動機、動機，凡事先要明白動機，如果不明白動機，煩惱就要接著來了。

什麼是動機呢？

春風與酒意

我們每天都在做選擇，人生就是在這些無數的選擇中度過，今天的不快樂多半是因為昨天的選擇，只是我們忘記了，或是我們沒有看見，又或者是我們以為自己沒有選擇。

師父說：「一個人要明白選擇的感受，明白自己是如何做選擇的，又是如何承擔這個選擇的感受。

「如同有隻住在籠子裡的鳥，主人每天餵牠，讓牠過著規律的生活，固定早上五點起床唱歌，中午就休息，心情好還會說一句『你好』。但是有一天，牠覺得這樣的日子過膩了，牠想要自己去找新的方向和生活。這樣真的好嗎？其實，只要牠想清楚是自己的選擇，牠要怎麼選擇都沒有關係，為什麼怎麼選擇都沒有關係呢？重點在於牠是如何做選擇的，牠的心裡是怎麼樣的一種感受。如果牠心裡總是懷著埋怨，有什麼不如意就要埋怨自己的選擇，那麼牠就不會快樂，不論走到哪裡，心都是痛苦的。

「就好像求神拜佛這件事，你們雖然每天都對神佛用心祭拜，神佛也不會因為你們的態度而改變，每個人的福德都是靠著自

己做起和努力。

「重要的是，你們要明白自己敬神的動機，為什麼要敬神，你們要選擇敬神或者不敬神，其實與神佛無關，神佛不會改變對待你們的態度。要明白敬神禮佛是不是自己想要做的、為什麼要做這件事，這就是明白動機。明白了動機，就能把自己的心放開，就能夠承擔，無論如何選擇，心裡都不會有埋怨。心放開了，就能走自己選擇的路，能夠跟隨自己的想法是件很好的事，因為那是自己的想法，日後就不會埋怨自己。

「自己走過一回，你們才會明白走過的感受。人在世間如果沒有吃過苦，就不會明白『苦』到底是怎麼一回事。如果能學會『應對』，這『苦』也會變成『甜』。苦在哪裡，心就在哪裡。自己選擇的路就要快快樂樂地走，一切都在心態而已。

「聽師父的兩句詩：

　落葉一枝春風解，酒意醇厚品酒心。

「既然有了想要品酒的酒意，那就要用心去品嘗酒的滋味，要品嘗其中滋味的變化與芬芳，而不要執著抱怨酒的苦味，懂得品嘗的人，才能夠明白藏在苦味之中的甘甜。

「雖然枝頭上的葉子都枯落了，心中也明白，當春風吹起，生機自然還會降臨，就是用這樣的想法去解開自己的心，不要執著在枯葉的心情，要注重將來的生機。一切都要樂心，自己快快樂樂過日子吧！」

心在哪裡，感受就在哪裡。明白了感受，這顆心就有清醒。明白了動機，就會有安心的承擔，雖然有一時的苦，也能夠為

了日後的春風而堅持下去。就好像帶著酒意品嘗一杯陳年的酒，能夠享受初入喉頭的苦，因為已經明白入喉之後，將會有回味的甘甜。

改變自己的過程也有痛苦，我們也將會懂得享受這一份苦，能夠在痛苦中得到經驗，能夠得到一份明白，就能享受那份心甘情願的滋味，因為自己長大了，因為這份成長都是自己的收穫，這人生就不再有怨，只有樂心。這就是明白動機的感受，就在春風裡，就在酒意之中。

無心與有心

我也有一個動機的故事。

記得國中的時候念的是私立中學，學校對考試成績非常要求，如果考不好就要挨打，為了不挨打，我被逼得非要用功不可，努力讓成績達到老師的要求。這是不想挨打的動機。

國三時，導師有天忽然要我跟全班打賭，賭我能從現在的第八名進步到第五名；賭贏，每個同學給我十五元，輸的話，我給每個同學五元。

第五名，那是我從沒考過的名次，因為從沒有聽過這種挑戰，我很興奮地接受了，從那時起，我做了一張表，記錄著我前幾名同學的成績，還記得每天早上出門，我會給自己精神喊話：「我可以的！我一定能做到！」我很用心為這個目標找了許多的方法，督促自己更加認真準備功課。

這個是積極進取的動機。因為導師的打賭，轉變了我原來消

極不想被打的動機，也讓那時的我重新認識了自己的能力，原來我也能夠這樣努力。

國小時不愛寫功課的我，總覺得自己不是別人眼中的好學生，常常覺得自己不值得別人的誇獎。不知不覺之中，我對自己的心態是放棄的，是無心努力的。經過一個月的努力，我真的考進了第五名，這是從來沒有發生過的事，也讓老師、同學對我刮目相看，我更是對自己大大改觀。

因為一個正面的動機，所以我們能夠用心、能夠熱情與樂心。師父也是用這樣的方法引導，給我們一個改變的動機，這動機或許是升官的機會、或許是夫妻關係的改善、或許是生意上的業績提升，讓我們的心裡有個值得努力的目標，鼓勵我們更願意付出努力，付出用心。

如果講一次，我們沒有改變，師父還會講第二次、第三次。如果直接講沒有用，師父就會等待一個好的時機，等一年、兩年、三年，師父會不斷調整我們的心，讓我們從原本的無心，能夠轉為有心。

無心人生，只能聽天由命；有心動機，就能創造生機。

要如何創造生機？就是師父常說的，要順水而後行，要接受師父的教導，順著師父的話，跨出原來的舒適圈，對抗那個不舒服的感受，對抗想要退縮的心情，對抗想要繞路的情緒。

有心，故我在

妻子的法號是「樂在」。幾天前閒聊到法號這件事，我好奇

問她，知不知道為什麼師父要賜法號「在」給她？

她說：「知道，大概是因為我的快樂常常不在吧，我覺得我就是「不在」，在的意思，應該是一直都在，是明明白白的存在，那才有在的感覺，我總是覺得自己不快樂。」

幾天後見到師父，師父為我們說了一個故事：「有一個人走在路上，他嘆息說：『唉呀！我的心不見了，這顆心要上哪裡去找呢？』

「有個路人對他說：『叫你的智慧去找啊！』

「這個人就派自己的智慧出去找心，過一會兒智慧回來了，它說：『我找不到啊，你這顆無心不知道到哪裡去了。』

「既然智慧找不到，只好派他的口出去找、去問，他的口四處去問，問了許多的人，它也找不到那一顆無心。

「這時，只好再派眼睛出去、去看，他的眼睛四處去看，看了許多的人，它也看不到那顆無心。

「接下來，再派耳朵出去、去聽，他的耳朵四處聽，聽了許多的人，它還是聽不見那顆無心的下落。

「又派了鼻子出去、去聞，一樣聞不到無心在哪裡。

「這個人的智慧、眼、口、耳、鼻都找不到自己的無心。他找累了，於是找了個地方坐下來，這時一陣自然的清風吹來，讓他感覺到一陣清爽，『啊！』他忍不住讚嘆。

「他看見了樹梢被風吹動的樣子，樹梢輕輕搖擺著；他聽見了樹葉被風吹動，樹葉間發出了沙沙的聲音；他聞見了清風吹來樹木的芬芳，那股香氣以前曾經聞過，卻很久都沒有注意到

它的存在。他的智慧忽然領悟到：『過去的我，已經很久沒有感受到這樣的清風，也沒有去欣賞到大樹搖曳的姿態，就是無心。原來就是自己的無心，讓我的智慧沉睡、讓我的眼睛視而不見，讓我的耳朵聽而不聞，讓我的鼻子聞而無味，讓我的口說了話卻不能與人溝通。這一顆『無心』，就是自己要把它轉為『有心』。有心，才會有種種真實的感受，這一顆心，才會停留在我們的身體裡。

「人為什麼會無心？自然心是怎麼來的呢？就是我們自己用心，把這些用心的『感受』給印象、烙印、刻印在身體五官之中；用眼睛、耳朵、鼻子、口和智慧，把自己的茫然無心轉變為自然心，自然地用心。讓無心變有心，有心變為自然，有心變為熱情，熱情變為愛心，於是人生就會每天都有快樂心。

「所以你們要看見自己的無心，心在哪裡？就是在自己的用心感受之中。比方說，同事昨天被老闆罵了一頓，結果今天請假，你們會用什麼樣的心思去猜測他的動機呢？

「這時就要有心，而不要無心。要有心地看，自己不知道的事情就是不知道。我們知道的，就只是同事請假而已，其他的事都不需要猜測，不要用無心的猜測掩蓋了自己的智慧。

「用心去感受，用『心』去使用自己的智慧、眼睛、鼻子、耳朵與口，把這些感受都烙印在身體裡，讓自己有心。」

用心去看，不只是用眼睛去看，看見事情的表相，或許還有自己沒看見的地方。

用心去聞，不只是用鼻子去聞，聞見味道之外，自己的心情

又是如何受到味覺的影響，有沒有因此起了情緒。

用心去聽，不只是聽別人說的話，更要聽清楚別人的動機，用心去化解那些話語帶來的生氣或是羞辱感受，聽見自己心情的改變，聽見自己的動機。

用心去開口，不只是說自己想說的話，更要用心去明白動機，明白別人需要什麼樣的話語。用心說出來的話，能夠實實在在幫助別人，幫助這一份緣，圓滿這一份緣。

用心去領悟智慧，不只是依賴自己過往的智慧，不只是在自己熟悉的、知道的方法裡思索，更要試著跨出舒適圈，尋找那些不曾明白的、過去不願意碰觸的觀念與想法。

西方哲學家笛卡兒說「我思，故我在」，濟公師父說的是「有心，故我在」。我們跟隨師父學習種種道理，是如何轉化成我們的智慧和力量呢？

就是一個有心。有心於動機，有心於自己的智慧、眼睛、耳朵、鼻子、口，感覺那些有心的感受，然後感受到自己的真實存在。每一個心跳，每一次呼吸，每一個開口，都與自己同在，隨時都在，那麼，快樂也會與我們同在。

舉燭，就是舉燭

別人的一句話也許本來無心，有時為什麼會造成誤會呢？我們講出去的一句話，本來是一片善意，為什麼有時也會被做了錯誤解讀呢？

用心去聽，不只是用耳朵去聽；用心去講，講別人需要聽的，

不只是講自己想講的。

師父說：「每天的煩惱幾乎都來自於與別人的應對。你們是如何聽，又是如何開口，問題就是這樣來的。就像師父有時教導門生，有的人卻以為師父是在罵他們，這樣就失去了聽的意義。

「你們需要明白的是，師父給你們的教導不是要罵你們，而是為了你們的改變。如果你們來到廟裡，能夠用對待公司老闆的態度來尊敬師父，來面對師父，來跟隨師父學習，就會明白師父教導的用心。

「光是師父學會這些道理是沒有用的，而是要你們學會道理，才是真的有用，學會了，那就是你們自己的收穫，不是別人的。你們要不要改變自己？先問問自己的動機。

「如果你們每天還是在生活裡生氣，生孩子的氣，生另一半的氣，如果對於老闆交代的事不敢做，面對下屬又不知道如何開口教導，你要怎麼才能學會如何說話，如何學會好好溝通呢？就好像有人隨口說一句：『我要去客廳找我的老公，那是我的客兄。』

「那是他個人定義的說法，但是這樣的講話方式，是不是會造成別人的誤會呢？這樣的話只有他自己能接受。因為一般人都會把『客兄』當做是婚姻第三者，這個是大眾的定義。所以凡事不要用自己的定義，而要用大眾的定義思考、溝通。

「要用大眾的定義去表達自己的意思，要用大眾的定義去理解別人的意思。這就是與人溝通的方法，不要用自己的定義去表達意見，更不要用自己的定義去理解別人講的話語，要回歸

大眾的意義。如此，你們才不會一直用『我、我、我』的方式說話。

「就像是那個『舉燭』的故事說的：楚國郢都有個人在夜裡寫信給燕國宰相，因為燈火昏暗，他對僕人說：『舉燭』，意思是要他把燭火舉高，好照亮房間。結果這個人隨手也把『舉燭』二字寫進了信裡。後來，燕國宰相收到信，看到舉燭二字，心中相當疑惑，反覆琢磨了半天，他就把這兩個字解讀成『崇尚光明，用人就要用光明磊落的人才』。宰相於是把這番意思說給燕王聽，燕王很高興，就要宰相照著這意思去做，後來竟讓燕國因此有了一番治理的成績。

「於是，後來的人就把『郢書燕說』這句成語解釋為『穿鑿附會，曲解原意』。這是在勸人不能只憑自己的想像，去解釋別人話裡的意思。所以，為了不讓別人曲解我們的話語，一個領導者在開口之前，一定要在心裡先有思維，思維自己如何說話，話不能夠隨意講。

「舉個例，如果你的老闆講錯了一句話，當這句話要從你的口中回應時，你就要懂得修飾，讓這句話不至於受人誤會。

「又好比門生的名字明明是靜觀，師父卻叫錯了他的名字，你們要怎麼回答呢？這時，你們就可以跟靜觀講：『靜觀，師父在叫你。』一方面讓師父聽見正確的名字，另一方面也顧及你們對師父的尊重。

「你們想想，如果是老闆聽見你們得體的回答，是不是會刮目相看呢？用心的一句話就能避免問題與誤會的發生，而且更能得到別人的賞識。

「好好去體會這個故事，如果有所體會，那就要開始改變你們的聽話與說話，聽與說的轉變就是你們每天都要用心體會與琢磨的思維。」

聽別人講出的一句話，不需要解讀他的情緒，不需要猜測是不是有惡意，記得自己原來的動機，放下心中的猜忌。

轉述別人的話更要用我們學的道理，耐心消化那句話帶來的情緒，思考轉述這句話的動機，對於未來的布局是如何，選擇一個適當的表達方式，用心圓融這句話的因緣，這便是廣結善緣的開始。

濟公道的聽與說都需要用心的思維，不會隨便聽，更不會隨便說。舉燭，就是舉燭而已。

感恩的心

當龍舟的奪旗手伸手搶下旗子的時候,他知道這勝利不是他自己的,而是身後隊友們共同的勝利。

當孩子考試得了一百分,他需要明白,這一百分並不完全是自己的努力,還有老師的教導、父母的關懷,以及同學們的友誼,給了他快樂的學習環境。

當一個人在事業上取得了成就,他也需要看見,這份成就是因為另一半用心安頓了家庭,因為孩子給了自己心情的安慰,因為有了這個家庭才有了努力的動力,所以能夠有這份成就。

人在世間,常常在許多我們沒有看見的地方,得到了別人的幫助和支持。因為有太陽給了萬物溫暖,所以大樹能夠給予我們氧氣,我們能夠有食物延續生命,這世間萬物總是相互幫助、相互成就,我們才能看見這個繁華人間,依賴萬物就是我們生存的必要條件,人人皆是如此,萬物皆是如此。

此刻的我們能夠呼吸、能夠安心坐在這裡,要感謝這一切的種種,要感謝的對象太多,所以人們常用一個簡單的說法,要謝天,或者說是,敬天。

不管是謝天或是敬天,那就是一種感恩的心情,也是一種謙沖為懷的心,明白自己的一切成功來自於無數人的幫助,所以沒有驕傲的理由,付出是我們每天要做的事,我們明白自己的價值,也不會卑憐自我,因為我們都在萬物之中。

天地賜予我,我還予天地,這就是與天地共好,與天地互利,

敬奉天地，感恩天地，所以願意利眾生，所以能夠明白自我的價值。

感恩的心，是安定自心的重要功課；明白感恩，我們不會輕狂傲慢；明白感恩，我們更懂得給予付出；明白感恩，我們感恩自己付出的價值。

有了感恩，我們會更容易放下計較心與比較心，更容易找回愛心、耐心與包容心，更容易無所求地奉獻與付出。

看見比較心

「比較心」與「計較心」是煩惱情緒的源頭，會讓我們深深陷入人與人之間的衝突對立，會強化了那個「我」的存在，就是我執。

師父問：「是你的左手比較厲害，還是右手比較厲害？」

信者回答：「右手。」

師父又問：「為什麼右手比較厲害呢？」

信者回答：「因為我習慣用右手啊！」

師父說：「左手與右手其實各有用途，沒有好壞的比較分別，為什麼你會覺得右手比較好呢？就是因為比較。

「人常常因為有了比較的心，所以做什麼事情都容易有對錯好壞的判斷。人一旦判定了事情的好壞，心就停止了思考，也不再分別，這就是先入為主的壞處，這樣的習慣會影響我們的客觀判斷，更會影響情緒和心思。

「雖然人們都覺得，自己不會與人比較，但是這左右手的問

題就是用來點醒你們，這就是你們的比較心。師父用這個問題，教你們如何用自己的心看見自己，當你明白如何去看，你的心才有可能打開，才有可能改變。」

就像是魚在水中，牠不會知道水的存在，我們習慣被自己的心思指揮行動，同樣不容易注意到心思是如何存在，不容易看到自己的心思是如何運作的，更不明白自己如何在比較心和計較心之間糾結，所以看不見自己是怎麼樣起了情緒。

要看見自己只有透過鏡子，而師父正是用一個簡單的問題當作鏡子，反照出我們的心。只有當我們看到自己的心，才有機會調整自己的心，改變思維，然後變化自己的情緒、布局，以及未來的人生路。

比較心，痛苦心

師父說：「你的心總是在與人比較，你最害怕的，是聽到別人的話語，或是感受到別人的眼光，感受到別人不友善的態度，更害怕別人將要如何凶惡地對待你。那是因為你拿自己與別人做了比較，你的心想要猜測別人的想法與行為，你的比較心帶來了痛苦，這就是我們必須要修行的功課。

「我們濟公道走的道路，是古佛李修緣所教導。民間傳說古佛李修緣的模樣總是邋遢，不修邊幅的，一般人看到這個模樣的人，能夠想得到他就是李修緣嗎？

「如果你有比較心，如果你總是比較外貌的好與壞，你會有機會親近祂嗎？會不會因為一個比較心，而錯過了古佛李修緣

的善緣呢？如果你沒有比較心，而且心裡有著對濟公師父的信仰，是不是會去照顧祂或是供養祂呢？

「想想這幾句話的答案。

「所以，對待自己心愛的人，對待自己身邊的人，對待自己用心照顧的家人，你們可以比較嗎？當然不能比較。凡事不可先入為主。」

所謂的善惡標準都是人們自己的主觀想法，那是先入為主的習性，那些習性為我們的心做了決定。

「我想要接近這個人，我不想靠近他」、「這個孩子比較乖，那個孩子比較不聽話」，就是這樣的比較心情，讓我們的言行起了變化，傷害了身邊的人，傷害了孩子與家人。

拿掉比較心，我們才能看見自己原來該要扮演的角色是什麼，才能回歸自己的初衷。

「我想要聽師父的這個教導」、「師父剛剛說我的這句話，我做不到啊，我不想聽」。教導，就是教導；道理，就是道理，本質並沒有好壞對錯的分別，如果因為自己的比較心，而有了要或不要的選擇，那就會影響了我們的學道，即使古佛李修緣示現眼前，我們也將會錯過祂的教導。

比較心，就是煩惱心，就是痛苦心；只有看見了它，才有可能放得下它。

敬奉心與比較心

為什麼要點香敬拜神明呢？那是為了練習一個敬奉神明的態

度，提醒心中感恩與付出的動機，讓自己的心能夠謙懷與安靜，能夠用敬奉的態度善待自己，改變自己的心情，也用這樣的心情善待身邊的人們。

面對信者，師父說：「你們要學習如何突破自己的個性。別人所說的『巴結』，你要能夠做得到才能夠突破自己，不要先入為主認為『巴結』是件壞事。巴結，就像是對待神明的敬奉心，你明明對神明有很好的敬奉心，何不把這份敬奉心用在別人身上呢？既然這個人是你應該敬重的，想想他值得我們感恩的地方，就能夠用敬奉心與這個人應對，一切都是為了扮演好自己的角色，一切都是為了用心演好這齣人生的戲，沒有一點的虛偽做作。

「為什麼總要讓自己悶呢？為什麼總是用比較心去看人與人的好壞高低呢？這個悶字，就是門框住了一個心，就是比較心，把悶裡面的比較心拿掉，就是一道指向出口的門，如果你拿掉的是門，那就剩下自己的心，沒有了出口，這顆心要如何面對？你又要把心放在哪裡？要把門拿掉，還是把心拿掉，就看你自己的決定。

「外面如果來了一個收破爛、收舊衣的人，你覺得他是不是個有錢人呢？我們多半是用外表判斷的，所以外表重要嗎？」

信者說：「外表也是重要的啊！」

師父說：「外表好或不好，這也是一種比較，對於外表，我們不要比較，該要扮演什麼角色就扮演什麼角色。如果能把比較心拿掉，我們的心情就能找到出口的門，就不會再鬱悶，因

為已經學會不去在意別人的口氣或眼光。

「所以不再擔心別人說我們巴結，反而能用一顆敬奉的心，去對待別人，因為我們心裡敬奉著神佛，相信神佛的教導。

「如果自己的心選擇要突破框住自己的罩門，接下來要如何往下走呢？好好想一想吧。」

一個比較心，讓人忘了自己的角色是什麼，忘了該要用敬奉的心情對待別人，尤其是自己注重的人。一句好聽的話，只要單純讓別人開心，只要為了緣分的圓滿，那就是好事，回歸自己原來的角色。

不要比較人的高低好壞，也不要因為別人的口氣好壞，改變了原來該有的敬奉心，要用敬奉神明的心情對待別人，也許這個人正是神明給我們的功課。

佛經記載，觀世音菩薩為了度化眾生，常以各種形相示現，可能是和尚相、鬼王相，甚至是惹人厭惡的冤親債主相；又或者在路邊看見的乞丐，還有可能是濟公禪師化身要來度化你。

師父有機會度化你嗎？我們有給自己機會度化自己嗎？

明白感恩，就能看見自己的心，看見心中的傲慢之後，才能夠度化自己，然後找到那個突破自己的出口，不會再悶住自己的心。常懷敬奉的心，就能順隨每個度化自己的緣分，更能夠融入師父的教導。

和樂之心

信者剛坐下來，向師父合十雙手一句：「阿彌陀佛」。

　　濟公師父說：「你對師父有禮貌，是因為你有敬重師父的心，這一點很好。但是在日常生活中，你卻無法用敬重的心對待別人，師父希望你能像敬重師父一般，敬重其他的人，讓你的敬重心保持一致。

　　「長久以來，你總是活在自己面紗的偽裝之中，心情難免痛苦，何不拿掉面紗做你自己呢？為什麼你明明有顆慈悲的心，嘴巴卻又得理不饒人呢？雖然嘴巴不饒人，有時你也會說一句阿彌陀佛，好讓自己的心放軟，因為你知道自己是個修佛的人。

　　「修佛的人更要知道什麼是『禮』，修佛的人更要知道，如何讓自己的心更加寬闊，我們不一定需要接受別人的意見，但是必須包容別人的話語和行為，畢竟，無法要求別人事事都聽我們的，我們要學會容忍別人的『緣』，不要生出惡緣。不管別人說什麼，只要聽就好，如果當下不認同，那就衡量一下自己的角色與實力，若實力不夠，那就把話留在心裡，不需要回應。

　　「面對生活，其實沒有那麼困難，只要一步一步走，只要一點一滴感受，在自己的一言一行中和善對待別人，在過程中感受自己待人的和樂之氣，常常維持心裡的和樂之氣，就不會因為一點不順遂而埋怨自己、埋怨別人。

　　「回到家更要培養自己的和樂之氣，不要怨嘆自己命不好，家庭也是修行的道場，回到家就當做是在廟裡一樣的修行，你在廟裡知道要有奉獻心，那麼回到家也要有，把奉獻心用在家人，用在相互照顧感受的心，這樣不是很好嗎？

　　「或許現在你對家人有些抱怨，但話說回來，既然有心修行，

那就慢慢提醒自己，把心裡的埋怨放下，做我們該做的事，畢竟我們不可能看著家人受苦。

「如果你知道唸一句阿彌陀佛，就要知道自己當下的角色是什麼，因為這句阿彌陀佛就是我們心裡的記號，它代表我們的未來，這個記號就在提醒我們，要知道如何對待別人。

「什麼叫做阿彌陀佛？就是和樂之心，就是能夠與人為善，能夠給別人快樂的心，這就是我們自己的樂心。」

阿彌陀佛

師父對信者說：「許多人在忙碌的生活中追求，卻仍然無法成就，一個人如果沒有經濟能力，想做什麼都不容易。一個人如果沒有經濟，又要如何去行道德之心？沒有道德，又要如何養生？在追求經濟的過程裡，我們都要受苦，如果只要顧自己的溫飽當然輕鬆，但是常常還有家人要照顧，這時要怎麼辦呢？就要懂得轉念。

「『有能力照顧別人也是一種幸福』，如果你懂得這麼轉念，就會受到佛祖疼愛，如果不能這樣修心，神明就聽不到你的聲音，你也感受不到神明的照顧，明白嗎？」

信者點點頭。

師父吟道：「人在世間無重神，人在世下臨在心。」

人在世上，常常因為人與人之間的是非情緒，忘了神明的存在，忘記了原來那個敬奉神明的感恩心情，所以面對生活，要用敬奉心護持自己的心，用心對待身邊的人，因為我們敬奉自

己的一言一行，在每個痛苦、情緒強烈的當下，為自己轉念，不需要與情緒爭辯，只要回歸自己的敬奉心，順隨當下的一切緣分，凡事隨緣而樂心。

師父問道：「想要師父指點什麼事情呢？」

信者說：「想問家人。」

師父說：「其實已經給你答案了，『照顧別人也是一種幸福』，這就是你要的答案，你就是要學會轉念。師父不教你們用虛幻的方法解決問題，師父不談祭改，真正重要的是你自己能不能做起，你自己能不能夠改變，師父送你一首籤詩，回去好好參悟，好好改變自己吧！」

師父吟道：

「紙切四方找量點，八卦之意找龍山，

　釋迦之祖追求心，放下之彌闊長尺。」

籤詩是要這麼解釋的：「一個人想要切割紙張，需要先找到計量的尺，就像人心在判斷事情，需要有一個標準，那麼要如何找到標準呢？先要找到自己的道理，足以讓這顆心安定的道理，讓我們明白如何放下煩惱、如何轉念，這才是我們求神拜佛的真正意義。」

每天都用敬奉神佛的心情對待身邊的人，放下心中的情緒與煩惱，就能建立胸中的和樂之心。

一句阿彌陀佛，萬般和樂感受。

觀照自我

師父說：「過去有個人事業有成，但心裡總是痛苦，在叫天不應叫地不靈的時候，四處去求神拜佛，到處捐獻做善事，心中的痛苦卻仍無法釋懷。某天他遇到了濟公師父，問說：『請問師父，為什麼我做了這麼多的功德，上天卻沒有幫助我？』

「濟公師父說：『不是上天不幫助你，而是你自己不幫助自己，如果你不幫助自己，上天也無可奈何。』

「這人一臉疑問的說：『我不明白，為什麼說我沒有幫助自己呢？我要怎麼幫助自己？』

「濟公師父說：『你先要明白天助自助者的道理，這樣吧，五里外的大樹下有個乞丐，你去幫他開間麵攤做生意，等他生意成功了，師父自然會回饋功德給你。』這人就一口答應了。

「隔天，這個人就拿錢租了店面攤位，讓濟公師父說的那位乞丐做生意，但從那天之後就沒有再關心乞丐，沒多久，因為這乞丐原本就好吃懶做，心情好時開店，累了就把店門一關找地方睡覺去，再加上手藝沒有練習，煮出來的東西也不好吃，最後麵攤當然是做不下去了。

「某天，這個人來探望乞丐，赫然發現麵攤已經關了門，當他質問乞丐時，乞丐反而抱怨：『哎呀，你都沒有幫助我。』

「這個人生氣說：『我怎麼會沒有幫助你？我已經幫你開了麵攤，總不可能連麵都幫你煮啊，你這好吃懶做的習性不改變，誰能夠幫得了你呢？』

「這時，乞丐拿出了扇子搖身一變，原來這乞丐竟然是濟公

師父的化身，濟公師父說：『你說的對，你自己原來的習性如果不肯改變，你拜的眾神諸佛們又要如何幫你呢？』」

藉由這個人對乞丐的抱怨，濟公師父點醒了他的盲點，要看見自己的習性不是件容易的事，師父也用這個故事，教導我們觀照自己的心。

人生要改變並不是做福德、善事就足夠了，更要改變自我的習性；改變自己的個性，這件事情只有自己幫得了自己，自助，然後才有天助。

師父接著說：「想要濟公師父幫忙的人，必須自己願意啟動改變，師父才能幫得了他。當然我們要懂得給、要奉獻付出，但是你們要明白，不要用比較心去看別人。不要總是說別人沒有幫助你，而是你沒有幫助自己，是你沒有學著親近別人。

「師父說的幫助自己，是要幫助什麼呢？幫助自己放下比較心，放下輕視別人的心，然後才不會把乞丐當做乞丐看待，而會換個方式幫助他們，乞丐的習性是好吃懶做，如果你沒有啟動他們、沒有帶領他們，他們當然不可能改變。如果真心想要幫助他們，就要用制度去一步一步教他們如何做。每件事都用制度去帶領他們，這樣才有可能改變。明白了這點，你的一切行為才會改變，福德才會不同。」

如果我們知道故事裡的乞丐是濟公師父的化身，還會輕視他嗎？是不是心情就不一樣了呢？所以我們必須學會放下比較的心，用敬奉心去待身邊的每個人，如同敬奉神明一般。

換上敬奉的心

比較心帶來了痛苦心，雖然我們奉獻付出，累積自己的福德，但是這顆比較心的習性，卻會讓我們的口失去福德。

乞丐與我們的差別在哪裡呢？就在一顆比較的心，因為比較心讓我們有了「厭惡別人」或是「看不起別人」的情緒，拿掉了情緒，我們才會明白當下的動機是什麼。

師父說：「一個人的思維如果不同，他的情緒就會不同、布局也會不同，人生也將大大的不同。」

時時觀照自我的內心，找到自己的比較心，看見自己的計較心，想想濟公師父，感受自己敬奉神明的心情，重新改變情緒，重新轉變思維、布局，當下心的轉念，福德就會完全不同，人生也會開始不同。

給無所求

「給無所求」是實踐濟公道的基本心法，這句話講的並不是什麼大愛的思想，而是每天都遇得到的選擇問題。

「我對他那麼好，有什麼好吃的都想到他，為什麼他現在卻對我口氣這麼差？」

「我把什麼都給了他，為什麼他還要離開我呢？難道我真的這麼差嗎？」

我們常常會用自己的「給」去要求別人，也會用別人的「給」來衡量自己的價值，這就是有所求的「給」，那是因為我們誤解了「給」的意思。

什麼是給？並不是物質的給，而是給時間、給觀念、給用心。給家人時間陪伴他們，給孩子觀念教導他們，給另一半用心的呵護關懷，這樣的給是我們原本就要做的事，不需要企求回報，這就是無所求的給。

為老闆付出時間和用心、努力完成任務，這是做人下屬就該盡的本分，平日就要給自己這樣的觀念，轉變心情，所以我們給無所求。

對別人有了感恩的動機，我們能夠無私奉獻回饋，這樣的給，也是同樣的無所求。當我們明白了自己的角色與動機，每一個「給」都是心甘情願盡自己的本分，所以給而無所求，一切都是甘願。

如果男女朋友之間的「給」，給了過多金錢，超出了角色的

分寸，那就容易有怨，也容易產生是非，如果想要藉著「給」把對方留在身邊，那就是有所求，問題的根源在於他不懂得珍惜自己的「給」。所以，真正的「給」，先要從自己開始給。

先給自己時間學習，先給自己新的觀念，先給自己用心，用心照顧自己，明白自我的價值在哪裡，先讓自己的心得到滿足，讓自己的心感受快樂，明白動機之後，一切的「給」就會無怨，自然無所求。

給無所求的第一步，先要學會珍惜自己的價值，別人才會懂得珍惜我們的價值，給無所求，先要學會善待自己。

善待自己

村子裡有位老太太，特地來廟想與師父說說話。

見到老太太一臉憂愁，師父問她：「玫瑰花與桂花，你比較喜歡哪一種？」

老太太說：「我喜歡玫瑰花。」

師父說：「我們都希望自己像是玫瑰花，能夠得到別人的讚賞和認同，卻往往事與願違，所以師父要勸你一句話，做自己就好。

「找回你的平凡之心，要能甘於平凡，不需要為了別人的認同，不需要擔心別人的感受，不需要不顧一切的付出。就像是準備晚餐，如果孩子沒有開口說要來吃飯，就不需要多準備，不需要內疚，不需要覺得自己虧欠了別人，你並沒有對不起誰。一切都是自己的決定，自己要常保一顆快樂的心。

「如果老是怕虧欠，怕孩子來了沒有飯菜可以吃，多煮了一大桌的菜，結果卻沒人吃，整桌菜只好倒掉，你付出了那麼多的心力得不到結果，你要怎麼辦呢？」

師父望向老太太，她只是低著頭沒有回答，師父輕輕地說：「很簡單，要自己看開，要明白自己的價值，你往往都不知道自己是誰，卻總是為了別人而活。」

老太太不住的點頭，表情顯得有些落寞。

師父微微一笑說：「就像是你今天為什麼要來拜濟公師父呢？因為拜了之後，你才會知道什麼叫做拜濟公的人生，人生就是要自己走過一次，才會明白那一條路的感受，你得要先放下一次虧欠的感覺，才會明白為自己而活的感受是什麼。

「你的一生還不曾體會什麼是為自己而活，如果你能夠了解桂花，人生就會不同，桂花雖然沒有美麗的外表吸引別人的目光，但是它有自己的清香，它有自己的價值。

「許多做母親的人，總是覺得應該要犧牲奉獻，不應該計較自己的感受，只想要默默付出，不計一切的代價；但是如果你不珍惜自己的價值，家人也學不會如何尊重你的價值。

「孩子如果沒有說要回家吃飯，那就不需要準備他們的飯菜，這是為了讓他們學會尊重別人，也是因為我們珍惜自己，不需要用這樣的奉獻犧牲證明自己；只有珍惜自己，孩子才能學會感恩，感恩母親，感恩身邊的人們。

「所以你要改變，要做個平凡的人，不需要用奉獻犧牲來裝飾自己。想要人生改變，就從自己做起，從你的家庭做起，你

先要看得起自己，珍惜自己的付出，以後才會看到別人對你的尊重，這就是善待自己。

「學著如何在別人和自己之間做選擇，這樣你才會快樂。」

忘掉過去，開始看見自己平凡但卻珍貴的價值、珍惜自己的價值，而且滿意自己，願意為自己付出，願意滿足自己的感受，這就是善待自己的開始。

願意善待自己，別人才能學會善待我們，滿足了自己，我們才能夠心甘情願滿足別人，而且不求別人的回報或感謝。

在學習的路上需要明白一件很重要的事：我們會做錯事，但我們不是罪人，只是還沒有學會做的方法，所以不需要責備，只要調整自己的下一步。

要記得，一切的改變都是從自己開始的，都是從善待自己開始，因為這人生是自己的，快樂是自己的，要為自己而活，不是為別人而活。

做自己

父母應該像是一盞路燈，只在孩子夜裡找不到路時才為他們指路；只有在黑暗之中，孩子才會明白路燈的價值；大白天，不會有人注意到路燈是亮著的。

珍惜自己的付出，我們的慈悲心是有選擇的，要開或者要關都是可以選擇的，不需要被別人情緒勒索，遠離情緒的勒索才能開始真正做自己。學會做自己，自然就會找到快樂。

做自己的人生不難，只要平平凡凡扮演自己的角色，明白而

且珍視自己的價值。先要懷著這樣的心情照顧自己，然後選擇如何照顧別人，我們的價值並不會因為得到別人的讚賞而增加，也不會因為別人的批評而減少，我們的價值來自於看見自己的價值，並且願意發揮這份價值。這份價值就是給無所求。

再談給無所求

什麼是無所求？我們是要先求？還是要先給？

師父說：「凡事先要衡量自己，現在自己需要什麼。如果現在缺少什麼，當然先要求；如果我們沒賺到錢吃不飽，當然要先求，求讓自己能吃飽，然後我們願意給。給了之後，再要求自己的層次與動機，才會了解什麼是無所求。」

所以濟公道的三大根本：「經濟、養生、道德」，總是從經濟開始，先有了基本的溫飽，才有可能開始身體的調養與修行。

師父說：「但是，當我們的工作可以有個溫飽之後，為什麼會開始覺得工作不順？為什麼自己的人緣不好？為什麼事事不順呢？

「這時候就是要給，怎麼給？給什麼？

「先給自己，給用心、給時間、給觀念。給自己時間去學習，給自己觀念去學習，給自己用心去學習；然後能把學到的觀念給了自己，學會分別的智慧，而能進一步明白什麼叫做求，什麼叫做給。」

我們的給，是從自己開始給起，先要善待自己，能用包容的心看待自己，先學會什麼是自己的求、自己的給，先要讓自我

滿足了，才能有多餘的心思去給別人，才能無怨的給。

突破困境

師父說：「當自己能力不夠時，那就盡力去廣結善緣，為自己爭取一條路，不要把過去的失敗記在心裡，過去的失敗要忘記，但要記得這個經驗。

「比如，過去你和同事處不好，你就不再跟他說話嗎？如果他今天變成你的老闆，掌握你的生死大權，你要怎麼辦呢？要廣結善緣！」

外在的環境條件也許惡劣，也許不足，這個時候不要在原地徘徊，更要學習如何與人為善，學習如何以奉獻付出、給無所求，去改變我們的外緣，用每天的笑與樂心，變化自己內在的心境，也轉化外在的因緣。

師父說：「演戲，在團隊中就是要演戲。扮演主管，就要照顧下屬，要演出主管的氣勢，要捧高自己。捧高不是虛張聲勢，而是要融入主管的角色，就好像師父曾經找了幾位師兄，一起演出隔山打牛的氣功一樣，師父只是假裝打出一掌，他們就個個東倒西歪，這就是演戲，要把主管的氣勢演出來。

「認清自己的角色，全心投入去應對，就不會違背自己的良心。像是做為下屬的角色，就要懂得如何接受配合，要明白怎麼做到『巴結』，演出一個忠心為主的下屬，全力幫助主管的成功，讓主管與我們同心，這也是與人為善。

「但是如果不是為了自己的角色而演戲，這樣就違背了自己

的良心與道理，沒有了道德，失去了應有的道理。所以，演戲不是虛偽，而是真誠活出自己的角色。

「面對人心的多變，我們要學會如何知道別人的動機與需求。如果別人的需求我們做不到，就要拿出肚量，用我們的應對去消化它，不要強硬的對立，更不要退縮逃避。不要對失敗或成功認真，失敗了就重新再來，就像師父說的，錯誤重來，在經驗裡開悟。」

沒有人天生就知道如何應對，每個好的應對都需要學習與模仿，觀察身邊那些人緣好的人是如何應對的，模仿他們的應對心態與方法。

學習好好的表達動機，不要與人對抗，也不要洩了自己的志氣，如果練習一次講不好，那就多練習幾次。突破困境，全靠自己。

給的價值

廟裡的門生總是習慣買瓶酒獻給師父，以感謝師父的教導，有位信者頭一次來，他不明白為什麼要獻酒，於是師父為他說了個故事。

師父說：「有個人叫做阿亮，阿亮的地窖藏了十箱的上好高粱酒，他對妻子說，如果有什麼親戚或是值得結交的好朋友，他一定把酒拿出來款待。

「某天，有個遠房親戚來探望阿亮，阿亮心想，這人與自己沒什麼交情，這好酒給他喝也太浪費了，於是只拿了米酒招待。

「隔了幾天，一個富家子弟來找他聊天，這人是交情相當好的朋友，只是阿亮心想，這人還沒有繼承父親的財產，也沒有什麼價值，就不要浪費酒了。

「後來，縣老爺也來拜訪，聊了幾句他才明白，原來縣老爺再過兩個月就要轉調去其他地方了，他想，縣老爺既然要離開了，那也沒有必要拿好酒出來款待。

「就這樣，日復一日，阿亮總是有著各種理由私藏著他的好酒，直到他過世後，兒子有一天發現了地窖裡的十箱酒，兒子心想，自己又不喝酒，就乾脆把這些酒都送給鄰居、親戚和朋友們。阿亮一輩子重視好酒的珍貴，捨不得給別人喝，甚至自己也一口都沒喝到，最後卻是被兒子隨便送給了別人，師父問你，這十箱好酒的價值又在哪裡呢？」

信者點了點頭說：「師父，我明白了，這酒就像錢財，生不帶來，死不帶去。」

師父說：「人們總是看重自己心裡捨不得的感受，跟著影響了自己做事的判斷與感受。一瓶酒要如何發揮它的價值，你們要自己判斷，不要受到心裡的感受左右。你們要想到別人喝酒時的歡喜心情，那就是酒能帶來的價值，所以要抱持著歡喜的心情喝酒，或者是抱著歡喜的心情把酒奉獻出去，然後才會看到這瓶酒帶來的價值。明白了這點，看事情的感受就會完全不同，師父講這個故事，就是為了讓你們明白對人的感受、對錢的感覺，還有面對神明如何拿出可貴的敬重心。

「就像你們如果送師父一瓶酒，這瓶酒是不是就有它的價值

了呢？如果你們能力不足，那隨緣就好，也不需要在意，不用擔心別人怎麼看你；師父要的，只是你們敬重的心意而已。來到廟裡，抱著快樂的歡喜心情就足夠了。希望你們都能用歡喜的心情來聽師父如何教導。

「不管是門徒、門生或是信者想要問什麼問題，師父的回答方式，就是師父說的故事，或是師父給的籤詩，裡面就有你們需要的開示，希望讓你們依著開示改變自己。如果懂得改變，你們的思想、行為就會改變。」

不要捨不得，要考慮給出去之後，能夠創造出什麼樣的價值，要明白自己的動機，要善於創造價值。

奉獻的動機

有位信者看起來經歷了許多的人生歷練，當他坐下後，師父說：「師父知道你對於宮廟信仰很虔誠，過去如果宮廟有慶典或是拜拜，你都是如何做的呢？」

信者說：「以前如果遇到廟裡的普渡、慶典，我都會跟著出錢出力。」

師父說：「那麼，為什麼後來變得心裡有怨，又不願意做了呢？你在家庭有沒有出錢出力呢？

「當然有，你需要的就是一句話，感恩而已。你當初出那麼多錢，到後來會覺得痛苦，是因為沒有得到宮廟主人的尊重。如果你的心裡有感恩，不管如何出錢出力，心裡都不會有抱怨。

「你現在埋怨過去曾經在每間宮廟的付出，你也對自己的事

業、老闆有抱怨，如果你有心要改變，你的思想就要調整。」

信者點了點頭。

這也是個有所求的給，心裡如果有了怨，就要懂得轉念、改變。

師父說：「許多人來問事，回去後還是過著一樣的生活，他們雖然說『我會改』，但是光靠嘴巴說，要怎麼改呢？事業又要怎麼改呢？一個人的個性如果不改，事業就不可能改，一個人的思想不改變，事業就不會賺錢，總是在同樣的困境裡打轉。所以我們的想法要調整，既然要奉獻，就要明白奉獻的動機是什麼，不需要因為別人對你的態度而改變了原來的動機。

「師父問你，你是為了什麼跟隨廟裡的神明呢？你希不希望自己跟隨的宮廟可以長長久久？如果要長久經營一間廟，廟裡需不需要開銷支出呢？」

信者回答：「當然需要。」

師父說：「有的人覺得奇怪，來廟裡為什麼要付出這麼多的錢，於是就不想再來廟裡拜拜了，這個人就不懂分辨。

「每間廟裡的信徒，人人的經濟條件當然都不一樣，有的人富有，有的人不足，但是講到奉獻，大家只需要有錢出錢、有力出力，不需要比較奉獻的數字多少。所以師父要你先明白自己的動機，來到廟裡不是在意別人看不看得起我，而是自己要看得起自己。來到廟裡，就是學習、模仿、奉獻、付出，不需要在意自己奉獻的錢多寡，不需要總想著有錢或沒有錢的問題，這不是信仰的動機。

「信仰的動機是要看你自己的心放在哪裡，要看你的奉獻心在何處，這就和做事業或是在家庭都是一樣的道理。」

為廟奉獻就是一份感恩的心情，希望我們的廟能夠長長久久的延續，就是這樣簡單的動機，不是用奉獻的金錢比較自己的價值，而是盡心盡力。一切都是給無所求，給時間、給觀念、給用心，這就是奉獻的動機。

🍐 熱情

辛勤努力之後如果仍然受到批評，花了許多時間練習卻沒有好的成績，面對挫折會不會讓你生起放棄的念頭？是否會因此感覺自己失去了原來的動力，會不會懷疑自己是不是應該要堅持下去呢？

什麼是熱情？

《韋伯大辭典》中「熱情」的第一個定義是「受苦」，如果你真心熱愛一件事，願意為了它而受苦，那麼就表示你的心裡有了熱情。

濟公師父說：「人生要有熱度與熱情才有意義，好比要讓竹子彎曲成大器就要有熱度，熱度要從哪裡來呢？

「所謂『奉之自然，修之自然』，意思是說錢要奉獻出去，奉獻給家人、大眾是容易的，但是要把錢賺回來卻是困難的，所以要修，修習賺錢的心態和方法，這就是自然的道理。

「明白了道理，你們就要選擇目的與目標，才會知道自己要賺的錢在哪裡，才知道自己要如何修習，有了第一次成功的經驗，就會越修越歡喜，貨物越賣越暢銷。但是在那之前，先要調整心態，你要先愛這個環境，愛此刻的感受，先要愛你自己。」

先愛自己

師父說：「領一天薪水就做一天的工作，要感謝公司、感謝

老闆讓我們有這份薪水可以照顧家人、照顧自己，所以要愛這個環境。不管工作遇到什麼問題都不要心煩，要明白每解決一個問題，就代表為自己創造了一份價值，就是建立了一份善緣；客戶可能會因此為我們宣傳，我們可能會因此建立新的人脈，最後這些努力都有機會變成賺錢的契機。

「對於此刻的感受，要學會愛自己。先要放下自責，凡事千萬不要自責，凡事要先肯定自己，因為沒有人想要被責怪，越是責怪自己，心理就會變得越凶惡，或者越想要逃避。」

自責的人，往往是不放過自己，也不放過別人。

「為什麼我老是做錯？我真是沒用，你看看那個人，他也做錯啊，他跟我一樣沒有用！讓我來修理他。」

「孩子考不好，一定是沒有認真念書，我以前功課不好，不能讓他跟過去的我一樣。」

不要苛責自己，要學著諒解自己，好好想一想自己為什麼現在還做不到，給自己一點耐心，放鬆地想想要怎麼樣才可以做得到。

濟公師父說：「一個人的凶惡就是這麼造成的，這會讓你的情緒失控，讓你無法善待別人。師父要告訴你們，就算做錯也只需要承擔與調整，要有肚量包容自己，要做自己的朋友，要學會愛自己。如果不愛自己，要如何提起自己的元氣呢？要如何提起你的精神呢？又要如何提起你的熱度？

「熱度如果不夠，面對什麼事都會不想做，沒有了努力的動力，只能為自己找尋放棄的藉口，自責的情緒會讓你每天怨嘆

人生、說人是非，總是在造作口業的惡緣之中循環著。

「所以，先要調整心態，包容自己犯的錯，包容自己的缺點，凡事先要愛你自己。」

點燃熱情

師父說：「你們知道什麼樣的雞才好吃嗎？你們有看過雞總是在地上啄啊啄的找東西吃嗎？就是那些成天在山上四處跑來跑去、到處積極啄啊啄的尋找食物，這樣的雞一定好吃，為什麼呢？因為牠有覓食的熱情，為了填飽肚子，牠會激勵自己，鼓足元氣，不斷運動著到處奔走找東西吃。

「做人就要像這種雞的精神、元氣與熱度，點燃人生的熱情，就能提起自己的精神，讓心情更好，讓自己做事有元氣，身體健康自然會更好。

「師父給你們說個故事吧！有個水手在港口顧船，一天可以領五元，他天天都在船上自由自在做著自己喜歡的事：釣魚、欣賞海景，和朋友聊天，過著自由又逍遙的生活。

「某天，有個大老闆跟他說，一天給他一百塊的薪水，只需要待在辦公室，隨時等候老闆交辦事情就可以了，這比原來的薪水要多出許多，他當然是很高興地去了，但是日子久了，他開始覺得無聊，辦公室裡只有自己一個人，不知道如何打發時間，他開始想念過去在船上釣魚的自在生活，開始苦悶。

「如果你是這個水手，你會選擇回去港口工作嗎？」

追求經濟的熱情

師父說：「為什麼這個水手會想念過去？那是因為他不明白什麼是熱度，他不知道自己的動機在哪裡，更不明白要為生活找到熱度。

「一個人先要有經濟，才能夠顧好生活、照顧好身邊的家人，進而追求更好的人生，這就是養生與道德，如果明白追求經濟的動機在於自己的養生與道理，你們的心態就會不一樣了，千萬不要眷戀過去困苦的輕鬆生活，不然這一輩子難有成就。

「這個水手如果明白動機，明白什麼是有熱度的生活，不管在哪裡，不管在什麼環境，都會知道如何為自己創造快樂，他可以試著善用空暇，像是看看書、學學畫圖，可以好好休養身心、思考未來的生活，用他對生活的熱度忘記過去。

「只要能夠點燃自己的熱度與熱情，就不會害怕辛苦或是痛苦，就可以在痛苦經驗中找到調整自己的方法，其中便有著自己開悟的契機。」

熱情，開始於愛自己。明白了動機，然後帶動自己的元氣與精神，就像饑餓的雞會滿山遍野的覓食，我們渴望成功的心也會帶來熱情，讓每一天充滿朝氣地面對生活中的挑戰與失敗，帶動我們的心情與身體都更加健全，這就是師父常說濟公道三大根本：經濟、養生、道德的內涵。

🍐 古佛的教導——修心與修口篇

師父說：「凡事明白動機，要重視做的過程，不要重視結果。」

事情的結果只是表相，好像今天如果說錯了一句話，得罪了別人，但是今天的結果就是永遠的結果嗎？人生很長，足夠讓我們犯了錯還能重新再來，並不能代表在動機與過程之中才有實際的感受、體會，比方說什麼是熱情？不只是與人說話的態度熱情而已。熱情，是在心裡對自己熱情的動機，用熱情去說話、做事，就算別人給我們冷漠的表情，我們還是一樣的鼓舞自己，由心而發的熱情，開口自然會有熱情。

心裡明白動機，以動機修持自己的心、護持自己的口。

我修心你修口，古佛降臨

代言人完成降駕儀式之後，才剛開口，大家就驚喜地發現，原來是古佛降臨。古佛走到眾人之中，隨意往地上一坐，所有人都跟著蹲了下來，聽古佛說話。

古佛說：「修我之道，你們啊，一線之差會入魔道。如我之道，四句詩矣：『我修心你修口，我不修口你修心，你修口不修心，那我不修口你不修心』。成道與成魔之間，修不成，就成魔啊！」

我們都知道要修口，但是表相與心的一念之差，就是入魔的開始。比方說學習道理本來是為了修自己，有人卻拿來修理別人、批評別人，造下更多的口業，這就入了魔道。

古佛的四句詩:「師父注重修心,你們卻只注重修口,只在意別人說的話好不好聽;如果師父講的話讓你覺得不舒服、不好聽,那就是提醒你要修心了啊!既然你們只想聽好聽的話,你們還沒有學會如何修持自己的心,那麼師父就要點醒你們,點出你們那些修心的功課。」

如果無法承受濟公師父的教導和點醒,修行的功課將難以繼續,更可能是入魔的開始。

濟公師父的修心與修口,就是我們要學習模仿的功課。

古佛說:「笑、笑、笑,人生吶,笑笑之心啊,濟公笑笑,人生就是隨地而坐。我破壞了你們的規矩嗎?有規矩的人就不算為吾之徒,吾之徒是隨心遊戲,而沒有規矩兒戲」。

濟公廟,當然以濟公師父為主,這就是主次的分別,要學會認主。

大家於是跟著古佛往地上坐了下來。

古佛的口音與平時的濟公師父有些不同,說話的神態在笑容之中又帶了幾份莊嚴。

什麼是隨心遊戲呢?

古佛說:「你們認為修口的人,一定是修心嗎?口心不一,浪費人生,要遊戲之心嘛。遊戲,什麼叫做遊戲?計較嘛,空嘛。

「這壺酒你們認為是好是壞呢?在我認為這都是好的。

「這個就不要穿了,有什麼好穿的?」古佛隨手脫下了一隻鞋襪,往一旁丟了去,隨興的舉動讓大家笑了起來。

明白動機的人才能由心而發的開口,心口一致,就不需要規

矩限制自己，因為心中自有分寸。

　　遊戲之心，沒有執著對與錯，喝酒吃肉，不一定是惡，並不一定妨礙修行，世事不是只有好壞、黑白的對立觀點而已，不要限制自己。

　　古佛說：「穿這個東西，綁住自己。所以在度之道，綁識之心，口口聲聲都是，心為度，口為修，那我不修口，那你如何談心，口識心又如何談悟？」

　　空了心中的比較吧，把人生當做是一場遊戲，學著享受人生，這次沒做好，下次再重來，不要和自己計較，不需要綁住本來自在的心，這才是度化自己開悟的道路。

　　人們總說要度化自己受捆綁的心，說要修持自己的口，心裡卻執著在規矩、戒律，以及那些喜惡好壞的標準裡。如果別人一句無心的話就讓我們情緒失控，就讓我們起了煩惱心，牽掛著別人一句話的這顆心要如何開悟？

自然緣道，不知道

　　古佛說：「所以，濟公活佛之道，是沒有成之道，沒有濟公之道，只有自然緣道，自我之道，佛之心不道，知不知道？

　　「就不知道。

　　「不知道，自然就知道，不要為何知，不要為何心，不為而口，不為心。」

　　一句不知道，隨緣自在，不需要強求答案，不需要強求一個知道。

　　濟公之道的名字並不重要，重要的是，它是尋找自我的道，所謂佛心，並不是執著在「道」的模樣，更重要的是佛心如何尋找。

　　什麼是自然緣道，或者說，是自然緣到。緣分何時會到？就是「不知道」，不用強求結果，自然有因緣的安排，時機到了，自然就會知道。

　　我們啟動了，累積的福份夠了，廣結的善緣足了，時機自然就到了，不需要在意眼前結果的好壞，因緣會在時間裡慢慢清晰。

　　要順隨自己的信仰，耐心等待，持續做起，自然會明白道理。

濟公活佛，遊戲的心

　　古佛問：「二月二日，是誰的生日？」

　　大家一同回答：「濟公禪師的生日。」

　　古佛笑了笑說：「我就說你們要不知道啊，為何知道咧？你們都說有修口，這樣不行啊。」

　　眾人笑了起來。

　　古佛說：「來來來，你們認為濟世重要嗎？

　　「我認為不重要，何為濟？何為世？濟就是大家三點之心，一點之明，一點之口，一點之深，開深之悟。

　　「你們常常在說自己的道有多深，你們認為師父是活佛嗎？這樣的功與名有用嗎？不用啦，要成名很簡單，你出去把衣服全脫了就成名了。」

　　眾人又一同大笑了起來。

　　濟世的活動是個表相，更重要的仍然是要明白動機，我們來到這裡的動機是為了共同的興趣，我們願意接受點醒，願意放下自我、虛心學習，我們願意敞開心來，尋找更深的參悟。

　　古佛說：「濟公活佛為什麼叫濟公活佛？因為祂沉浸在人世間、佛法人性中，不以常眾之現。所以你修口，我不修心，那就錯了。」

　　濟公活佛以佛法示現於日常生活的人性之中，卻不是用常人理解的方式呈現，因為打破了常人的思考方式，所以能夠點出人的盲點。如果人們只想聽好聽的話語，還以為濟公活佛沒有修心，那就完全錯了。

　　古佛說：「我不修口，但我修心。這心要如何修，就在如何看清自己、如何看清遊戲，把遊戲當做人生，你們就有佛心，佛心自然成佛。

　　「外面都在傳說我吃肉，你覺得我有吃肉嗎？你看到我吃肉了嗎？

　　「什麼是活佛？就是所謂：『你看到我吃肉了嗎？』傳言嘛，當做遊戲，那就好了，需要計較嗎？

　　「留一點時間，在我們之中，多一個笑笑人間。」

　　遊戲之所以有趣，是因為挑戰帶來了成就感，挑戰越難，成就感就越高，需要在一次一次重來的過程裡累積經驗，加強應變的能力，也享受破關的樂趣。

　　遊戲是怎麼變得無趣的呢？大概是因為我們開始與別人比較成績、跟自己計較能力的好壞，失望的心情不想再努力，也失

去了挑戰難關的鬥志。

　　心要如何去修呢？試著看清楚自己是用什麼心情面對遊戲，把遊戲當做人生的一種比喻，遊戲結束時就要放下，昨天的心情就留在昨天，過去的事情就要釋懷，沉迷於昨日的失敗心情裡，當然不容易快樂。跟自己的心比較，計較成績高低、比較別人的好壞，當然不會快樂。

　　什麼是濟公活佛遊戲人間的心情？

　　什麼是活佛？參悟這一句「你看到我吃肉了嗎？」，別人的話語就當做一場遊戲，是要看清，是要放下，都是有所選擇，不必和自己計較一句話的真假，不需要折磨自己，要善待自己。

　　我們心裡「想像」的那些事，別人轉述的那些事，真的都發生了嗎？值得牽掛嗎？能不能當做一場遊戲讓它結束呢？別把時間消磨在已經結束的遊戲裡，把人生的時間都留給自己，為自己完成的成就而笑，知道自己為什麼而笑，慢慢會明白濟公活佛的佛心笑容是如何來到，笑笑人間就會來到。

　　古佛說：「所以以後你們會不會笑笑人間？會不會嚴肅人間？你們的廟會不會旺啊？

　　「不知道！

　　「在活佛之中，在濟公之中，什麼事情都是不知道，只會看到，只會聽到，只會做到，遊戲人世間。」

　　在看到、聽到、做到之前，都是不知道，不必猜測，也無需煩惱，這就是遊戲人間。

　　人間要笑、要嚴肅都是自己的選擇，與別人無關。

古佛說：「因為在這裡，你們所做的，做到，看到，所以今天濟公活佛才會來看你們啊！

「看到我，你們有一股心中之苦嗎？有沒有想哭的味道？如果有，那就遁入佛門吧！

「看到我，你們有沒有想笑的味道？如果有，那你們就已經升天了啊！

「升天比較好？還是遁入佛門比較好啊？當然是『不知道』。」

古佛略帶點酒意的說話，逗得大家哈哈大笑。

古佛拿起酒壺又喝了一口，說：「你們覺得真正的活佛真的會喝酒嗎？師父為什麼要喝酒呢？因為酒喝下去才會顛走，講話才會有活力啊。拿酒來喝，才會把以前不知道的心重現人生，重現自身。

「你們覺得師父是不是重名利呢？」

「不知道。」大家都學聰明了。

古佛哈哈一笑說：「喔，你們已經接近佛了，恭喜喔。」

遊戲的心，正是活佛不以常眾之現的人性佛法。

遊戲人生，錯誤重來

古佛說：「但是當佛是很容易墮落千丈的，你們覺得誰會成佛？不知道，死後才會知道啊！所以不管六道輪迴，佛道之心，不管哪裡來，都是人生。

「人生就是笑笑遊戲，什麼叫遊戲？就是當做今天的遊戲，明天重新開始。你們有沒有玩過遊戲？師父常常在玩一種遊戲，

叫做『錯誤重來』，人生有很多錯誤常常會重來啊！

「那如何不要讓它重來？很簡單，不知道。不要計較今天所作所為，計較明天所作所為，笑笑之道，濟公禪師之道。」

死後是要成佛或是繼續輪迴，那都是死後的事；人生，人生，就要做「生」在當下的思想，而不要做死後的幻想，這顆心才不會墮落千丈。

生在當下，就是一個豁達的笑容、樂心開，享受今日的過程，享受今日的調整，享受今天學到的經驗，今天就是人生的一步一腳印。

「錯誤重來」也是一種遊戲，有些錯誤只需要一次就會看見，有些錯誤卻可能需要無數次的累積，受盡痛苦之後才會明白。

有時我們會嫉惡如仇，討厭看到別人的過錯，看什麼事都是不順眼，想要馬上更正它，這樣的想法容易造成對立，會讓我們的人緣越來越不好。

「但是我是對的啊？但是我是為他好啊？」

就是這樣的一句話，讓我們合理化了與別人的衝突、爭執，阻擋了我們的開悟，讓我們失去了改變的機會。

「算了，大不了以後我都不要開口，這樣總可以吧。」

還沒有學會如何解決衝突，只好選擇逃避，只好選擇「暫時」不再開口，心裡卻在傷害自己，直到自己忍受不住心中的憤怒而怒吼，造成了更大的衝突與痛苦，這時，我們才有機會看見錯誤在哪裡。

「錯誤重來」的遊戲是必要的，只有不斷重來、不斷累積痛

苦，我們才有機會看見問題、接受師父的點醒。

師父說，第一次犯錯是因為沒有經驗，第二次犯錯是剛好而已，第三次犯錯就是自己承擔後果，要心甘情願承受。

我們會因為「錯誤重來」而萬劫不復嗎？不會的，「錯誤重來」是一場遊戲，要走什麼路就是自己選擇，而且承擔自己的選擇。人生還長著，今天的調整改變，一定可以轉變昨日的過失，這就是濟公道的功過相抵。

要慶幸自己能夠「看見錯誤」，因為遊戲終究有機會過關了，不需要陷入自責情緒裡，要趕快結束今日的遊戲，明日重新開始，不要錯誤再重來。看見錯誤，甘願接受錯誤，並且調整錯誤，這就是錯誤重來的過關方法。

古佛說：「心中之口，永遠記得一句話，師父濟公之道，活佛之道，就是幾句話：

「你修口我不修口，

　你修心但你不修口，

　但我不修口我修心，

　一切之道，遊戲人生。」

濟公道，就在修心與修口的遊戲之中，在遊戲的錯誤重來之中；開悟的道路，就是在遊戲人生的心法之中。

古佛說：「所以笑笑之意，明天來到就是不知道，來去就知道，來到，就是不知道，去到，就知道，為何知道？也是不知道。

「為何來知道？也不知道。但是要知道，我們是誰之道。

「就是要知道，你自己誰之道，身為誰之道，就是身為佛教

正門，佛道之道。

「懂之心，不懂之來。」

不想知道明天的結果好壞，也不需要猜測別人心裡是如何看我們，唯一知道的是自己是誰，更要知道自己修的是濟公禪師的道，是濟公道。

明白古佛說的遊戲人生，人生其實沒有那麼苦。

沒有牽掛

古佛說：「所以在我們廟裡，要迎接新的心道，新的，不知道。這個酒太強了，我的臉都紅起來了，人為什麼要喝這麼強的酒呢？就是不知道。

「問人為什麼要嫁？為什麼會生出來？為什麼要娶？也是不知道。所以，知道與不知道，咦？我的鞋怎麼會在那裡？？」手指著剛剛自己丟過去的鞋襪，這麼問著。

古佛說：「不知道？如果不是我丟的，那誰知道？

「所以對於自己，永遠是知道之心。」

自己做的選擇當然要知道，對於未來的因緣都是不知道。

古佛說：「你們感受一下，師父有沒有一股祥和之氣呢？」

「有。」大家一齊回答著。

古佛笑說：「那你們墮落了，師父怎麼會有祥和之氣呢？師父只有酒氣而已啊。所以說到師父，你們就要知道，我的師父在心中。

「你們認為修識之心，修佛之來，回家看到自己的孩子，看

到自己的家人，你會不會覺得兩眼淚汪汪啊？

「要知道，自己看到家人就想到一個責任，你們看自己的心就是一種牽掛，為什麼叫做責任與牽掛？知道嗎？

「所以，你們要遊戲人間自然就會知道，家人帶來的責任看似讓人沒有選擇，其實你的心可以選擇。

「但是，你卻選擇了牽掛。

「你們每一個人生之道都有他的路，哎，不穿了啦。」古佛師父乾脆把另一隻鞋襪也給脫了，「牽掛嘛，統統都脫掉。」

每個家人都有自己的路要走，有他們必須流的淚水，必須面對的困難，必須承受的失敗，都必須靠自己走過才會得到醒悟與成長。面對家人，我們可以用選擇，而不要用牽掛，不要為了責任牽掛。

選擇，就是斷捨離，是一個能斷的取捨心情，什麼該扛起，什麼該放下，果決明斷。未來的事不知道，當下就是明白動機，當機能斷。

牽掛，卻是藕斷絲連，是一個進退兩難的糾結心情，想要放手卻又怕他失敗；想要全部扛起，明明無力承擔，只好事事牽腸掛肚，剪不斷、理還亂。

未來會不會有禍患發生？不知道，但是我們一定能夠處理。當下就是修心與修口的人生遊戲，今日事、今日畢。我們不怕錯誤重來，要記得遊戲人生的心情。

古佛說：「我有沒有破壞你們的規矩啊？你們要知道這裡的規矩是怎麼來的，是因我而來的啊，所以規矩要以我之心啊，

我以前常常都這麼脫的，我以前從來不穿鞋襪的啊，我喜歡自由自在。

「你要跟我講話，那你的心就要來，你的口就要不修。但是你要跟我講話，你要口修，你要規定我照你的意思說話，那你馬上就會落入空門哦。

「我落入佛道，我身上一股味道，叫做什麼道？叫做不知道。就像師父告訴世人所說，那些修道不修口的人，自己認為是佛道之人卻不修口，你說自己是修心不修口，不管你修了多少，你不會成佛。只要你的心咄咄逼人，你不會成佛；只要你的心永遠牽掛，你不會成佛。」

規矩是硬邦邦的，人心是軟的，堅持規矩就會咄咄逼人，就會失了人心，所以才要明白動機、隨緣改變。師父說的變巧，就是變化想法與巧用方法，不要牽掛昨天的想法，今天可以改變做法，當下的動機明白了，就會知道應該如何改變。

當年柏林圍牆被推倒之前，有個衛兵射殺了一位翻越圍牆的青年，在柏林圍牆被推倒之後，這位衛兵被告上了法院，這衛兵為自己辯護：「我是按照規定執行任務的，開槍也是不得已的選擇啊。」

法官說：「這世上除了法律，還有良知這件事。當法律與良知有衝突的時候，良知才是最高的準則。雖然拒絕任務有罪，但是打不準是無罪的，你還有抬高槍口一厘米的選擇，這是做人應該有的良知義務。」

法官說的良知就是人心的柔軟處，適時高抬貴手就是我們可

以做的變巧與溫柔。選擇自己的承擔，沒有牽掛。

信仰的初心

在信仰裡，最重要的就是要明白初心。如果能夠在心的源頭接受新的活水，能夠學習新的觀念，就能夠由內而外的改變自己做事、應對與說話，一切水到渠成，自然能夠找到我們需要的改變與成就，漸漸會有心中的明白和開悟。我們需要從源頭開始改變，而不要牽掛在終點的目標與成就，牽掛著明天會不會升官發財、開悟成佛。

古佛說：「怎樣才會成佛呢？不知道。但是不需要為了成佛而糟蹋自己的人生，你們要遊戲人生，自己要多思，要有心之心，有心之來，要用心啊！你們要知道，口修，修不到，永遠不成佛，這是最基本的觀念。不管怎麼樣，不二法門，口不修，那心就要修，心修，自然佛在眼前啊！佛山有靈中塔，心口有靈通心。」

心修，自然佛在眼前。「自然」的意思就是對於結果沒有強求，就是順隨因緣，如果成就的因緣還不足，那就繼續做修心的功課。

心是一切善因的源頭，當我們來到了源頭要如何修心，要如何指引我們的心呢？

佛山有靈中塔：佛山的靈氣就在它的佛塔之上，當人們看見佛塔，心中會記著佛陀的教導，所以感受靈氣。

心口有靈通心：人要做到時時心口合一，就要在心中生起

靈性，靈性是源於一顆心願意臣服、願意堅持跟隨佛心，誠心學習直到通達明白佛的道理，以佛心順我心，所以心能順口，口願順心，心口合一。

　　一顆心能夠上順佛心，下順開口的動機，自然能以佛的道理做到心口合一。所以古佛說：心修，自然佛在眼前。如果能夠自然修行，就像每天起床都要刷牙洗臉一般自然的修行，用佛法、道理來修護這顆心，轉變思維與心情，用「心」應對世事的變化，我們就能明白什麼是佛心，能與佛心相印，心口有靈通心。

　　有段偈子是這麼說的：「佛在靈山莫遠求，靈山只在汝心頭，人人有個靈山塔，好向靈山塔下修」。要修我們的心口合一，就是與佛心合一。

道與魔

　　古佛說：「口不修，自認修口，做出來的行為不修口，那也不成佛，所做的福德都化為灰燼啊！今天看到我是你們的福氣，還是我的負氣啊？」

　　「不知道。」

　　古佛哈哈一笑的說：「所以，人生之道，生何、死何、患何謂之道。學我之道，你們成魔，因為你們沒辦法像我的心，我常講，你修口，我不修口，我修心，你不修心，所以常常在講，我修心，你忌口，你答應的事情做不到，就是像魔，魔心在此。」

　　困難的時刻就是修行的時刻，那些受人批評、侮辱的時刻就是修心的時刻，一句氣話傷了人，那就折去了以往做的福德。

學人做佛，終究成魔。

古佛說：「永遠看到，我佛慈悲，我濟慈心。我佛慈悲，看到路人之道都認為他是好人，他不知道他已經成魔，執著之魔，執著之性，空與性，性與空，知道就存疑，知道存疑，永遠就不相信別人，為什麼不相信別人？因為他存疑，因為他知道了。

「知道之心，但不知道口修。他知道要修口、忌口，但他不知道要修心，他還在存疑。他的存疑之心，他的做人處世都在寫這個佛道，卻都已經不成佛了，都變成魔了，魔性就是這樣而來的。

「魔是怎麼來的？修道人而來，修佛人而來。」

疑心的開始是以為自己知道。

「孩子這麼晚還不睡覺，一定是在打電動，看我今天怎麼修理他。」

「發給他的訊息已讀不回，一定是不高興我說的話，那我也不要理他了。」

「老闆聽不進去我的意見，八成是怕我搶了他的功勞，哼！哪天我一定要換個老闆。」

以為自己知道就妄加猜測，先入為主認定了事情的模樣，這就是煩惱的開始。總是疑心的人就難以修口，修行功課就要一再重來，越是認為自己修行有成的人，越是容易輕視別人、傷害別人。越是每日念經就越要注意自己的心有沒有修持，是不是起了情緒。要記得，學習道理是為了對治自己的習性，是為了改變別人對待我們的態度，卻不是用來改變別人，而是要改

變自己。佛心與魔心只在一念呼吸之間。

性空之道

古佛師父說：「修佛之心，成佛人是怎麼來的？自然不知道而來的。

「人為什麼成佛？嘴巴成佛，心不成佛，也不性空，空也不知心，所以學濟公活佛之道，就是學什麼道，不知道！」

成佛是動機和方向，是用來啟動自己，時時調整自己的思維和動機，心裡也不會想著何時成佛，一切就是自然心而已，自然的修緣成道。

古佛師父說：「活佛濟公之道，不成利，沒有名利之分，沒有什麼之分，只有把事情繼續完成以佛之性，性之空，空之來，佛心之來。

「你們看師父像是活佛嗎？很簡單，每個人心中都是活佛，只要存一種信念，就是遊戲，看戲之心。所以我的徒弟，也就是你們的師父教導你們，教你們學習模仿，學習就像我們的性，模仿就像我們的空，就是所謂的性空之道，性空之道就是不知道，不知道就是最高等，就是所謂的活佛之道。」

性空之道說明了世上一切事物都起於「因緣」二字，每件事都是因為一個種子，加上了種種因緣，才會開花結果，再生出種子，不斷延伸循環下去。所以，人生總是有機會改變的，我們的學習模仿就是為了種下善的種子，為了廣結善緣。

凡是隨因緣而來的，總有一天會隨著因緣而去。我們學習遊

戲人生的心，不需要為了今日的結果起情緒，今天的結果，明天可能就會轉變，就像「塞翁失馬」的故事說的，世事的好壞沒有絕對，今天失了馬，明天可能回來，今天摔斷了腿，明天可能因禍得福。重要的是要能夠不斷啟動，能夠不斷等待與努力。

看懂了因緣的性與空，明白了世事沒有好與壞的分別，修去了計較、比較的情緒，只有動機，凡事就是角色與演戲，凡事就是人生遊戲。

一切種種觀念道理都在學習與模仿之中，學習模仿就是性空之道。

佛法，就是活法

古佛師父說：「你們覺得師父有沒有良心？你們就是不知道，師父把這個信念傳給你們，你們是怎麼知道我到底有沒有良心呢？我如果沒有講出來、做出來，你怎麼知道我的良心在哪裡？」

古佛師父拿起酒壺喝了一口，皺著臉說：「就好像這杯酒……不好喝啊，所以濟公活佛不愛喝酒啊，所以濟公活佛心中之佛也不愛吃肉啊，不喝酒不吃肉，懂嗎？遊戲人間，遊戲人間啊。」像是有些喝醉的酒話，哈哈一笑，四周響起了笑聲。

古佛師父又說：「說到什麼佛法，就是活法，佛法就是活法，講的就是人要怎麼活。你看我不喝肉也不喝酒，不吃肉也不吃酒，但是都顛顛倒倒、倒倒顛顛，所以我的人生，在人生之處我沒有人生，我只有廣善修緣。廣善修緣，你們廣善積德，所以積德才有辦法全天而天，全賢之身。要知道自己要成佛，心

想要成佛的人，永遠不成佛。

「修緣修緣，就是緣，所以有緣這個字。你們都要像我一樣，像活佛一樣，這樣你們才走得下去，才會快樂。來到廟裡，就是像師父一樣，笑笑、真真，自然不知道，一問三不知。」

古佛李修緣，修緣、修緣，一個緣字，牽動顛倒眾生，結果如何都是種種的因緣造化，所以師父廣善修緣，更教導我們要廣善積德。

每天隨時說好話、結好緣、保有好心情，隨時笑口常開，對於未來一問三不知，這樣的人生才會快樂。

古佛師父說：「所以談心之道，我們是活佛之道，濟公傳裡的故事，十條之中有四條是真的，多多看，都是化身之心，假如要了解濟公之道，要了解我的一生，要了解我到底有沒有吃肉，有沒有喝酒，還是喝酒、吃肉。

「所以自然之道，佛緣之道，濟公萬物，塵緣之來，佛緣之來，世道之有，濟公緣分都沒有成對成雙，沒有成團，沒有成體，濟公只有單單遊戲人間，嗜好之來，自然聚集起來。

「嗜好之來，自然聚集能量，嗜好不同，也只好隨緣。你不知修，你不喝酒，你不吃肉，大家就沒什麼搞頭。所以你回你家，我睡我的路上，你回你的宿舍，隨心所欲，遇到共同的理念，今天共同理念喜歡切菜，那就大家一起切菜；喜歡聽經，那我們就來聽經；續道之道，自然緣到，這我們不同之道。

「身為濟公活佛，濟公之道你們要知道，不要什麼聚集之能量；聚集之道，只要緣道，只要有共同興趣，就知道；不同興趣，士農工商隨我去；但是，聚集之來，興趣之來，有心人間自然

要到，這就是隨心所欲，人心之道。」

　　濟公道總是要我們不要與人對立，既沒有朋友，也沒有敵人，只有共同興趣。只要有共同興趣，人們就能長久相聚。家庭如此，夫妻如此，公司同事也是如此，在濟公道的信仰裡更是如此。各行各業，不同的角色，無論身分是高是低，來到這裡都是師父的門生，都是來一同學習模仿，所以能夠相互扶持、互相指導，沒有是非，也沒有爭吵，只有快樂的笑聲。

一張白紙

　　古佛師父說：「濟公之道到底是真還是假？你們覺得呢？其實啊，凡事不以真與假，濟公真真假假，假假真真，你的肉體是真的還是假的？記得，自己的肉體要知道，但是你的心不知道，你的口知道，但是你的手尚未做到，你們常常用口議道，口就是我們的佛，口就是我們的魔，佛道、魔道就在口，不是在我們的天靈。

　　「口，就是所謂的說話，真假，就是人道；口就是我們的佛道，口就是我們的心道，所以自己就要知道，口啊，就是重要，什麼東西就是口啊！口沒有修好，永遠也不成道，也不成佛啊！

　　「跟師父這麼聊天，你覺得自己是知道嗎？當然要不知道啊，你怎麼知道我們在聊什麼，我剛才在聊什麼，我自己都不知道，我剛剛講什麼，我也不知道。」

　　濟公師父沒有真與假的分別，雖然神明真假無法說明，但是濟公師父的道理卻可以自己去證明，證明它是否合理，是不是實用。

我們的口就是佛道修行之處，成佛與成魔之間，就看我們是如何修口與修心。

古佛師父說：「我永遠是一張白紙，永遠被人家點亮啊，但是人家也會幫我們點黑。什麼叫做點亮啊？就好像如果師父說你馬上要成佛了，聽到成佛，你心裡是高興還是不高興呢？被活佛這麼說你心中是高興還是不高興呢？

「真與假，假假真真，講出來的話你認真嗎？你認真，你就不成佛；你認為你高興，你成佛；你認為你不高興，你也成佛；但是你認真，你就不成佛。這段話你們好好深思吧。」

白紙畫上那一筆顏色，如果紙的本質不會吸收顏料，它就不怕別人如何畫，可以始終是張白紙。當我們聽別人一句話，認真聽進了心裡，不斷在心裡起了情緒，那就是吸收了那句話，那就把別人畫的這一筆留在了我們的白紙之上。從小到大，我們已經吸收了多少話？原本的這張白紙，現在是什麼顏色呢？

古佛師父說：「認真的人為什麼不成佛？認真的人做事，一張白紙好像被人家畫了好幾道，一張白紙被人家污染了幾種顏色啊，他永遠記在心裡。這樣，認真的人還能成佛嗎？

「那不認真的人可以成佛嗎？不認真也不能。要成佛的人，只要口。你修心，我修口，我不修口，你不修心；你修心，但我修口，天下太平，緣分自來。」

認真不成佛，不認真也不成佛？就如前面說的，成佛之人是自然不知道的，有心成佛，他就永遠不會成佛。一切功課就是修心與修口。如果人人都知道修心的道理，我也認真修自己的

口，則有天下太平，一切的善緣自然到來。

安自己的心

古佛師父說：「你們覺得我來教導之後，你們是提升還是降低呢？不知道，永遠不知道，這就是人生。

「出了門，就是忘記了；出了門，就是放心了；出了門，就是安心了；回到家，就是修心了。

「出門在外事事都是看，就是你們所謂的看是模仿，模仿就是所謂什麼呢？就是性空。」

古佛又舉起了酒壺，說：「雖然這個酒看似難喝，但是也要喝，這就是所謂人生，看似不好喝，我也要喝。

「為何它不好喝？是你的心認為它不好喝，認為酒不好喝，但是活佛認為這個酒為什麼不好喝，因為它不合我的意啊，因為我都習慣米啊，水啊，攪一攪，你們覺得米和水攪一攪就會變成酒嗎？」

酒的滋味，就是心的滋味。好喝或不好喝都是心的決定，就看我們懂不懂得如何品酒，如何在酒的苦味裡找到品嘗酒香的方法，如果心裡只想著怕苦，這酒只會越喝越苦。

試著別去想這人生是不是苦，無論苦或不苦，每天的生活總是要過，不如學習如何體會人生的甘苦，如何體會痛苦之後的成長，如何去擁抱痛苦。

如同好與壞也是我們的心在造作分別，總是被自己的喜歡或不喜歡想法引導著，如果喜歡一個人，他就是好人，如果厭惡

這個人，不管他做了什麼都是壞人。

要如何修心中的一個「順」字，如何看人順眼？如何看事順眼？要如何不用情緒面對人生？關鍵仍然是在修口與修心的功課之中。

古佛師父說：「人類的智慧就像一潭水，水如何來，不知道，水如何去，不知道，但是它可以通過人生，如人喝水，水可以排泄，水消失，它可以滲出，這就是人生啊！所以人生是佛，佛心之來，自由之道，你不知道。」

智慧似水，可以洗去我們的情緒、負面的思想，只要心能夠放軟，智慧就能滲入我們的心中，改變我們的心；在每個必要的時刻轉變情緒，專注於自己的思考、布局與計畫，讓我們的心安定，因為安定，所以隨心所欲。

「佛山有靈中塔，心口有靈通心」，每個人的心中都有一座自性佛，就像座大山，終年被習性、情緒的雲霧籠罩，我們只緣身在此山中，卻是看不見歸處，越是認真低頭找路，越是見路不見山，始終看不見這座佛山的真實樣貌。所以我們要遊戲人間，要隨處遊戲，轉換心態，學著品嘗每個人生的痛苦，體會痛苦中的回甘，不再低著頭愁眉苦臉，而要自在地抬起頭樂心微笑，撥開心中的雲霧，才有機會瞧見這座大山的輪廓。

修心修口的功課就是品嘗人生的方法，用正面的思考態度去體會人生的喜怒哀樂，鼓舞自己的熱情，溫暖自己，也溫暖別人，散去心裡的憤怒、恐懼、不安與一切的負面情緒，散去那些迷濛的霧氣，讓智慧的陽光照進心裡，讓我們能夠看見心中

那座佛山，讓我們和自己的佛心感應，與濟公師父的道理心心相印。

　　遊戲人生，掌握人生的何處知道與何處不知道，就能尋著自由自在的心。

　　說到這裡，古佛師父帶著慈祥的笑容輕輕說了句「阿彌陀佛」，師父暫時離去，等待下一次的緣分再起。

　　感恩古佛師父開示，這人生需要我們順隨因緣，時時參悟做起。

站穩中心點

　　平常的人隨緣即變，修道的人隨緣不變。

　　還沒有學習如何深入道理的人，總會隨著環境中人事物的因緣好壞而改變心情，因為害怕苦的感受，不苦就快樂，遇苦就生氣難過。像是被別人說了句酸言酸語，車子不小心擦撞出了傷痕，中了一張樂透，升了官，心情就會隨著事情結果的好壞而跟著好壞，這是隨緣即變的心情。

　　隨緣不變的人，懂得品嘗痛苦，就像是品嘗一杯好酒。他知道人生原本無常，雖然生活不斷變化，也明白如何在人際之間不斷安定自己的心，走在自己選擇的這條路上，不論苦樂，都是甘願做、快樂承擔。

　　隨緣不變的心境要如何得到呢？雖然道理可以幫助我們轉變心情，但是道理那麼多，要如何牢記，又要如何才能時時做到呢？

　　師父說：「不急，永遠都不算慢。」

　　不需要急，靜下心，在每天的生活之中耐心練習那些道理，每天不斷做著修心的功課，有心地做，做到習慣成自然，無所求地做，就像每天醒來要刷牙洗臉，沒有求什麼，都是本來要做的事，一切自然。

　　就好像學騎腳踏車需要不斷練習，用身體去體會如何平衡、如何前進，如何在摔倒的過程中學習調整，不怕摔，有天學會之後，一切就是自然隨心所欲，想去哪裡就去哪裡，不再需要

記得道理，因為那些道理已經成為我們的血液、基因，一切都是自然心。

中心點

師父說：「師父過去有過一個徒弟，拜師父拜到七十八歲，日子也不多了，但是他還在追求別人的認同，一輩子都在追求濟公師父到底是真還是假，別人一句話就讓他懷疑自己的信仰。

「到現在他還在問師父：『師父啊，你到底是真還是假啊？』為什麼不學習師父的道理呢？神明的真假沒有辦法說明，道理的實用可以自己證明。凡事都要自己啟動，只要學會了這些道理，自己做出了成績，心裡自然會認同，你們跟隨師父的感受就會不一樣了。所以自己的中心點，自己要站穩，不要輕易被別人牽走，心中的跟隨不要輕易忘記。」

神明的真真假假都是心的感受，只有啟動自己的實踐行動才會有真正的體會，才會有實證的領悟，心中跟隨的中心點才能夠站穩。信仰的中心點與神明真假無關，關鍵在於自己的實行與體會。有了道理中的實行體會，才會開始相信自己的跟隨，然後能夠站穩中心點。

在信仰的最終處，相信的是自己說，而不是別人說。站穩中心點！

打掉重練

傳說如果狗這一世出生為白狗，下一世就可以輪迴做人。有

戶人家剛好養了一黑一白兩隻狗，某天黑狗對白狗說：「你真幸運，下一世就可以轉世為人了，可以用兩隻腳走路，還可以穿漂亮的衣服，真是讓我羨慕。」

白狗卻黯然回答：「能夠做人當然好，不過我擔心自己投胎做人之後，還有沒有機會吃到我最喜歡的剩菜剩飯。」

我們會不會也像白狗一樣呢？以為自己原來的想法、觀念就是重要的、就是好的，擔心改變會是不好的、會是不喜歡的，繼而阻礙了自己改變的路，變得固執。

師父說：「人在世間的感受是什麼呢？要如何有個不同的感受呢？

「如同你發現了一個山洞，想要進去探險但又不知道裡面有些什麼，你想要看清楚裡面，卻又不知道山洞多深多長，這個時候只能直接跳進去體驗它嗎？

「要知道人的智慧就在於如何開口，人的開口都是靠著過去的經驗，也許你們覺得直接跳進去才能學到經驗，但如果是師父，師父絕對不會直接跳進去，也不會在原地打轉，師父會先觀察一個月，慢慢等待，慢慢了解裡面的環境、生態、地形種種條件，寧願浪費一個月的時間先了解裡面的狀況，讓自己有了完全不同的思維之後再做決定。

「就像那個七十八歲的徒弟，到現在還在問：『師父，你究竟是真的，還是假的？』你們看，他還在這洞口徘徊啊！

「道理，如果學到了就是自己的收穫，與師父無關。學了道理，你們看每件事物的思維就會不同，如果一直糾結在別人的

認同、停留在原來的觀念，總是懷疑自己所信、懷疑每個決定，你們只能停在原地又不敢前進。

「不如啟動自己，不如讓自己學習道理，深入觀察濟公道的道理、深入提升自己，好好觀察人脈的範圍、銷售的範圍、宣傳的範圍，不要凡事聽別人講，要自己花時間觀察、體會不一樣的感受。

「你們來到這裡學習、觀察，在你們聽師父講故事的時候，就要不把自己當自己，要當做自己是別人的思維，要當做自己是完全無關的另一個人，在這裡學習模仿，把自己過往的思想、固定不變的基礎都拿掉，從全新的思想出發，感受新的人生。

「為什麼有的人無法接受新的人生感受呢？因為他們害怕，所以過去不曾遇過、不曾感受過，也不知道未來好或壞的，便不敢前進，這就是人們變得固執的原因。要用全新的心情學習，重新觀察、吸收，建立新的思維，感受新的做法，這人生才能繼續前進。」

山洞的比喻就像是一份全新的事業或工作，也像是我們剛剛接觸濟公道時，是如何看待學習模仿這件事。面對全新的局面，我們需要建立全新的思維面對，需要給自己一點時間去觀察、思考，學習新的道理與觀念，需要自己用心去嘗試，去做看看、去體會看看，究竟其中的道理在哪裡，這就是善待自己，給自己時間，給觀念，給用心。

與其猶豫不前，與其在過去與現在的觀念間進退兩難，不如當做自己是個全新的人，給自己時間，重新給自己觀念，去觀

察新的環境狀況與做法，嘗試建立全新的思維，才有機會啟動新的自我。

好比我們過去是騎摩托車，既然現在要開始學習開車，就不能再用騎摩托車的思維去學習，因為開車不只是操作的方式改變，路線選擇的思維也不一樣，畢竟汽車可以走高速公路，而機車不行，有太多根本上的不同，要用新的思想學習，才不會學了一輩子開車，還不知道可以上高速公路啊！要有打掉重練的決心才能站穩新的中心點。

輸的成功，贏的成功

在經典的北風與太陽故事裡，北風使勁吹，卻比不過太陽溫暖的陽光，輕易就脫下了旅人的外套，力量並不是一切問題的答案。

師父說：「成功有兩種，一種叫做輸，一種叫做贏。輸的成功，就是剛強；贏的成功，就是柔弱。

「輸的成功，就是靠力量勝過比自己柔弱的人，這叫做剛強，這樣的人要是遇到和自己差不多力量的人，就不知道要如何應付了。他總是害怕著、戰戰兢兢地做事，因為整天擔心會被別人篡位、陷害，所以站不穩。如果一個人位子坐得不穩，心情是痛苦的，雖然看似成功，看似擁有權位、受人敬仰，但是他的成功是輸的成功，這來自於他的剛強。

「一個看似柔弱的人，如果能夠超越比自己剛強的人，代表他是真正有實力的，這是贏的成功。

「參悟一個字：驫。這個字讀做「飆」，是快速奔跑的意思，師父要你們學會驫，而不是剽悍的剽。這個驫字，是疊羅漢的三匹馬，為什麼三匹馬可以狂飆，好好去想一想。」

剽悍，意思是勇猛強悍，剛強而好戰，喜好戰勝的感覺，在戰鬥的過程中證明自己的力量，但是好戰的人早晚會遇上更強的人。

剛者易折，柔者長存。要如何讓三匹良馬並肩飛奔，而不會相互拉扯呢？需要的是柔軟的身段與拉挽人心、串連人心的方法。在濟公道裡沒有對立，只有共同的興趣，共同的興趣可以讓人心串連。當下無法處理的問題，可以耐心布局等待，等待自己的溝通，等待自己的變巧，等待自己學會表達，等待自己不再用情緒做事。無論面對什麼樣的強者都能保持心的不變，中心點不變，能夠以柔軟的身段征服剛強的人心，才是長長久久的成功，心中不會有畏懼。

就像師父常說他是一寸人，雖然別人都是五寸、六寸長，即使有的人不相信師父，他也是一樣的教導與等待，用道理、開口布局時機，等待點醒的時機到來。我們也要學習柔軟，給自己時間學習、等待。

改變心態的等待

說到等待，生活中一定會遇到煩惱的人或事，我們一時無法改變，也無法處理，這樣的時刻要如何等待呢？

師父說：「你們要學會等待，在每天的等待、每天的獲得中，

都要讓自己心安理得。

「有一個人的老婆很會花錢，某天老婆又去百貨公司買東西，一口氣就花了三、四十萬，這個做老公的會不會心痛呢？當然會啊！

「這時，他那剛滿一歲的小嬰兒哇哇地哭了起來，像這種時候，有的爸爸是不是會很不耐煩呢？

「但是這個人只是笑笑的，把奶嘴塞進孩子口中，一邊哄著：『別哭啊別哭啊！你的心事我知道。』

「一旁的專櫃小姐看到了，好奇問了：『先生，你的孩子在哭，怎麼不抱起來安慰一下？』

「這人說：『哎呀！沒有辦法安慰啊！這孩子會哭，是因為他的媽媽一直在花錢啦。』」

聽到這裡，大家都笑了起來。

師父說：「你們聽這個人說的話，他知道要如何改變心態。當事情沒有辦法改變時，就要改變心態。面對改變不了的事，就要知道如何自我娛樂，不要讓自己陷入抱怨的心情，這個人懂得自我娛樂，所以不會抱怨老婆，也不會在孩子哭的時候，把氣出在孩子身上。

「懂得改變心態，感受就會完全不同，這是一種小小的幽默，一個人如果懂得適當的說話，人與人之間便不會有爭吵。說話是不是很重要呢？所以學習濟公道的人，第一件事就是口要修，要說好話。

「說好話並不是卑躬屈膝，也不是貶低自己，說一句好話，

要有一顆堅強的心，堅強的感受。每天常常在走的路，每天的做人，如果能夠擁有不同的心態，人生感受就會完全不同。」

人與人對立，我們會害怕自己是錯的一方，害怕自己只要退讓了一步，別人就會把我們踩到底，害怕別人軟土深掘，越挖越深。於是只好武裝自己，只好處處防衛，身旁的人辛苦，自己又何嘗不辛苦呢？

所以學學濟公道吧！濟公道裡沒有對立，沒有朋友和敵人，只有共同的興趣，師父教導我們改變與人對立的心態，別人如果只給我們「要」與「不要」兩條路，我們就要另外找一條更好的路走。

我們不需要武裝自己，只需要堅強自己，每天都練習，練習不拿別人的言語傷害自己，也不用言語傷害別人。

每天都要提醒自己：「柔軟對人的口氣，並不是否定自己，我們對人說好話也不是認輸，給別人一個笑容，是為了日後更好的溝通與交情。」

人與人之間，需要共好，不需要輸贏。

如果改變不了別人，那就學著娛樂自己，繼續堅強自己，繼續學習模仿，繼續調整自己，繼續等待自己。

要改變心態，我們的情緒不是別人決定的，我們的選擇也不是為了滿足別人，讓心堅強，一天比一天堅強，一天一天的學會承擔。輕輕放下別人的言語，安安定定做自己，快樂自己，做自己。

看見因緣，放下因果

「等待」是一種修行的方法，等待的是因緣的發展，而不是等著因果的結局出現。人們容易以今天的成敗論英雄，容易讓自己落入了好壞是非的情緒困境，容易讓人們落入了失望或是狂喜的心情。

「我的失敗是不是因為不夠努力？」

「我就是不喜歡和別人交際說話啊，我就是這樣的個性，不要再叫我改變了。」

「唉，我不小心說話得罪他了，以後他都不會給我好臉色看了。」

人們習慣了這樣的因果推理，總是提早認定了明天的結局，或是把今天的失敗歸咎於昨天的過錯，卻常常忘記了動機，只要今天專注於自我的改變，明天仍然可以改變，改變永遠都不晚。

今天我的模樣是過往因緣的累積，都要甘願接受，明天我的模樣是今天因緣的累積，一切都來得及轉變。

濟公道不談因果，因為談論因果無法解決問題。濟公道重視「功過相抵」，因為因緣可以改變，隨時都可以開始改變。

濟公禪師李修緣的名字有一個「緣」字，修緣，凡事看的是因緣，而不是看對錯，不是看自己喜歡不喜歡，別人的言行如果讓我們看不順眼，那就要等待。

等待自己的明白，如果還是不明白，那就先放著，不要有批評，等待明天繼續的觀察因緣。等待今天的我學習修心與修口，在一天天的等待中改變自己的一言一行，等待因緣的漸漸改變。

人的熱情為什麼會變為暴躁？因為他太在意結果。一個人在意自己的熱情有沒有得到回饋，在意自己如意或不如意，所以會有失望和挫折、會有得失心；當一個人總是在意著結果的好壞，就容易失去了熱情的續航力。明明人還在起跑線上準備著，心卻已經跑去了終點線，這樣的心是不是很容易失去耐性呢？「這身體怎麼那麼慢啊？到底還要跑多久才會到啊？」光是這麼想就夠讓人疲憊了。

人們常常說的「活在當下」，就是要覺察那顆提早跑去終點線的心，讓它回到起跑線上，與我們的身體同在，與我們當下的過程同在，與當下的因緣同在，這都是為了日後的因緣更加圓滿：

「我現在要做的事是什麼？我能不能讓它做得更好？」

「老闆為什麼要交代這件事？他真正想要解決的問題是什麼？他的下一步會是什麼？我能不能多做一步，讓事情做得更好？或是提前準備呢？」

「快有快的做法，但是有沒有一些細節是我忽略的呢？我是不是需要多點耐心，選擇穩紮穩打的做法呢？」

「我有沒有急躁的心情？有沒有急著要把事情做完？我有沒有急著想要成功？我要怎麼做才能把心安定下來呢？」

多花一分鐘想想這一刻我們在做什麼？怎麼做的？是什麼樣的心情？

練習如何用心在每天的等待，等待自己的轉變，等待因緣的轉變。因緣不息，等待不息。

了凡四訓，造命改命

《了凡四訓》是真人真事，講的是明朝進士袁了凡的故事，他在考取科舉功名前的一切，都被一位算命先生說中了，所以他相信自己會在五十三歲壽終，也沒有子嗣，一切都會如同算命先生所說的。

直到遇見了雲谷禪師，禪師教他如何行善積德，讓他明白命運可以掌握在自身，讓他相信命數是可以改變的，他每天積德行善，並且把善行寫下來，最後他延壽到了七十四歲，而且還生下了兩個兒子。人的命數的確可以掌握在自己手上。

《了凡四訓》是袁了凡寫給兒子的家訓，分做四篇：第一篇〈立命之學〉，說明人的命運可以自己創造，定數是可以改變的，關鍵在於自己的改變。

第二篇〈改過之法〉，從小的過失開始調整，自然不會犯下大的過錯，也不會讓自己辛苦做下的福德流失。

第三篇〈積善之方〉，保有善念，以善念行善事，善事積多了，福德自然到來。

第四篇〈謙德之效〉，與人相處，待人要謙順，從中學習，自然便有進步。

這些觀念也已經在師父平日的教導裡，一點一滴告訴我們，要修心、要修口，要用敬奉的心與人們廣結善緣、廣善積德。

每日的記錄，有心的練習

師父教我們，每天把自己的加分寫下來，就像《了凡四訓》

裡袁了凡的做法一樣，用心記錄自己的善行，不只是善行，更是善的念頭轉變。

如果別人對我們的口氣不好，我們沒有生氣，加一分。感受到心中的不高興，提醒自己趕快轉變心情，加一分。

這個人曾經得罪我，我還能夠平和跟他說話，加一分。如果一看到這個人，心裡就浮現出他的缺點，這時還能夠轉念，當然可以加一分。

雖然他生氣不跟我說話，我還能開口跟他說話，加一分。我知道他生氣的原因，但我不覺得自己有錯，甚至覺得錯的人是他，這個時候想要平靜地說話，就需要更多轉念，需要更多的自我提醒，需要把心墊高，需要想一想，什麼是贏的成功，需要放下對與錯的想法，這個不容易，至少可以加個兩分了。

今天實在沒有什麼特別的事，就去廟裡功德箱投錢，我們還是可以加一分。不為什麼，就是要建立有心刻意行善的習慣，幫助自己實實在在記得行善的動機，站穩善念的動機，更站穩了自我改變的中心點。

每天給自己加一分、加一分，每天記得等待改變的動機，就算什麼事都還沒有發生，在每天跟自己對話、鼓勵自己的過程中，無意間也會改變了我們的心情。

為什麼加一分這麼重要呢？

為了加這一分，可以避免自己被扣分的結果，避免自己的福德流失。加一分，就是肯定自己、鼓勵自己的用心，每天都用自己的努力滿足自己，就不會為了結果而患得患失，還能夠繼

續用心等待，無所求的改變自己，用心當下，不再執著結果。

為什麼記錄可以帶來改變呢？

　　因為等待加分記錄的心情，我們會開始觀察自己的一言一行，會開始察覺心裡的每個念頭，慢慢的會更加細微觀察每個想法，越是觀察，護持心情的功夫也會越深。每觀察到一個不舒服的念頭，就拿起聚光燈照亮它，注意觀察它的變化，看看它想要做些什麼，直到它有了變化，直到它自討沒趣的離開，這就是「觀照」。

　　記得每天加分的動機，記得「轉念」的福德，我們就能夠學會觀照內心，我們就能夠安心。

迷時師度，悟時自度

　　在迷失的時候，師父會點醒我們改變的方向，記得最初跟隨師父的動機，接受師父的度化教導。

　　接受教導之後，需要自己的修與行，在做的過程中等待開悟的時機，每天觀照自己、度化自己的心；改變人生的做法和答案其實都在我們的心裡。

　　師父常常說，我們要啟動自己。什麼是啟動自己？就是不再和師父爭執教導的對與錯，全心觀照自己的心，用心啟動自悟的過程。

　　師父說：「有些人會為了師父的教導，而在心裡罵師父，這樣有沒有福德呢？還是有機會的，只要他能在心裡轉變那個罵師父的念頭，提醒自己『我最初是為什麼要跟隨師父的呢？我想

不想要改變自己呢？我要不要先讓自己變得虛心受教呢？』只要一個念頭的轉變，你們就有了福德。」

啟動心中的轉念，也就啟動了一切改變。

有心等待

心的轉變就是福德，自然能夠開口行善，所以要以善念的等待做為中心點。每天的功課就是練習如何站穩中心點，時時觀察自己是不是站在中心點上，如果沒有，那就觀照自己，等待自己的心回到中心點。

我們能夠等待心中的批評轉變，然後有了智慧的溝通，不再與人對立，而能廣結善緣。

我們能夠等待與人對立的固執轉變，然後知道什麼是變巧的堅持，做事更圓融，更懂得什麼是手腕與布局。

我們能夠等待一句老實話的自然轉變，然後感受什麼是能言善道的實力，繼續增強自己說話應對的實力。

我們能夠等待暴躁的情緒冷靜，然後知道怎麼維持熱情的續航力，不會再有情緒，更能夠安定自己的心。

所以我們能夠等待固定的習性轉變，站穩了善念善行的中心點，就能自然的隨心所欲，不會再有惡的感受，不會再責備自己。

也許一開始，我們只能加個一分、兩分，還會扣更多分，凡事本來就是起頭難，需要用時間累積能力、等待。啟動自己的心念開始等待，等待我們的習性改變，用心等待。甘願做，快樂承擔。

　　用濟公道的道理站穩人生的中心點，不再困在因果的念頭裡，試著看見改變因緣的可能，對於人生的看法就會改變。掌握因緣，就是掌握人生的改變。

第三篇
故事禪

　　師父說：「人生，禪自備。」
　　禪，其實不是那麼難以了解的，禪是一種入世的思
想，禪是一種日常生活中的價值觀念，禪是變化人性的
方法，禪是為了指出原本純淨、單純的人心。

人心為什麼會變得複雜呢？那是為了要面對柴米油鹽醬醋茶的大小事，面對那麼多的人情世故、顛倒是非的事，還要面對許多的責任、自我的期待，以及別人的期待。人只有一顆心，卻要承擔那麼多的事，為了生存，人心只好變得強悍、防衛、勉強自己、退縮、糾結，或是自我捆綁；一切都是為了生存，這就是人性。

　　為了生存，只能壓迫自己的心，掛上一條又一條的規則、限制，才能夠應付、才能夠適應每天生活中的困難挑戰。

　　從前有位朋友常常說錯話、得罪別人，所以心裡感到挫折。有時想要勸他，但是最後他說：「算了算了，以後我什麼也不說了，少說少錯，不說不錯。」這就是人性，為了生存，為了讓心裡好過一點，所以給自己的心上掛了一句話：「少說少錯，不說不錯。」

　　因為不知道如何說話、應對，為了不再受到批評、傷

害，只好限制自己、少說話，也關上了自己的心，漸漸在心上掛滿了限制標語，也漸漸感受不到人生的快樂。

人心，為了生存，因為人性，所以漸漸變得不再單純，也忘了人心原本是清淨的。

要如何明白人心的清淨呢？需要參禪，參悟禪機，參悟就是轉變想法的過程，是擺脫舊想法的過程，為了要看見過去看不見的想法。

好比有顆蘋果掉在地上沾了塵埃，我們會說這蘋果髒了。試著參悟蘋果髒了的這個想法：其實蘋果還是原來的蘋果，塵埃也只是塵埃，只是因為落地的因緣，所以它們依附在一起，其實沖個水就沒事了。

禪，像是那一股水，洗去塵埃就會看見原本有的清淨。禪，就是找回清淨人心的方法，能夠洗去心上的塵埃，能夠撕去心裡那些標籤、能夠打破那些限制自我的框框，能夠找回最原始的初心，單純的快樂。

人生禪自備，每個人都有參悟禪機的能力，只是我們不知道如何使用它，所以不知道如何看見過去看不見的思想，不知道如何悟出禪機，所以覺得禪機困難。

智慧如水，要如何讓智慧滲透入心呢？要參悟人心。參悟的方法有許多種，就像禪宗有許多點破人心的小故事，幫助人們參透禪機，明白真心，師父也常說一些小故事，把道理暗藏其中，讓人們自己去參悟，參悟自己的心。看那看不見的事物，聽那聽不見的聲音，參那還沒參透的道理，才有真理。

自我開悟

有個濟公禪師李修緣最初開悟的小故事是這麼說的：李修緣尚未出家前，因為父母雙雙過世而起了皈依佛門的念頭。慧遠住持再三跟他說出家後要還俗不容易，要想清楚，李修緣還是一口答應。沒想到入門幾天就受不

150

了坐禪的辛苦，老是吵著要還俗。吃飯時就跟慧遠師父要求，至少也給他一個話頭參悟，慧遠師父示意他過來一下，李修緣以為是要告訴他一個話頭，沒想到被慧遠師父打了一巴掌說「自家來處尚不醒悟，倒向老僧尋去路，且打你個沒記性！」

他被打了這一巴掌，一下子就頓悟了自性，從此變得活潑自在，瘋瘋顛顛遊戲人間，隨緣地度化眾生。

自己的心處還要自己醒悟。透過生動的故事是不是更容易有感觸呢？所以師父講了許多故事，好讓我們尋找開悟的契機，這便是打禪機，打自己的禪機。

融入角色

生活裡，我們要學會分別當下的角色，並且練習融入當下的角色，此刻我們也許是主管，轉個身可能就是另一個人的下屬；回到家裡，是別人的丈夫、妻子，是孩

子的父母，有時要扮演孩子的良師，有時又是孩子的益友。在每天的生活中、不同的場景裡，我們需要扮演許多不同的角色，我們是如何演出的呢？是始終如一用同一個「我」的個性演出嗎？

　　有個朋友的父親是軍人，他在軍中帶兵，回到家裡也一樣用帶兵的方式訓練孩子，嚴格又有威嚴的態度讓孩子們無法親近，孩子們需要的是「父親」，而不是「長官」，孩子們需要的是一個懂得轉變角色的父親。

　　我們需要懂得轉變角色，需要學會融入角色的智慧，能夠認真融入自己的每個角色，隨著每個當下調整心態。

　　人生就是戲，演戲不是虛偽，轉換角色並非放棄自我，演戲的道理就是隨緣不變，演戲的那個人是「我」，我的初心不變，但是我會在不同緣分中融入當下的角色。

　　融入每個當下的角色，就如同水與角色一般，當水倒進瓶子裡，水就是瓶子的形狀，遇到杯子就是杯子的形狀，當他有了成為河水的實力，就會領導主流，這就是

水的隨緣，但無論水變化什麼形狀，性質都不會改變，這是水的隨緣不變。

　　人的隨緣不變，隨緣的是角色，不變的是安定的心境，是能夠融入每個不同角色的圓融心境。

　　融入角色是為了順緣於生活中的每個情境、為了與身旁的人們廣結善緣，所以師父說故事讓我們體會人生種種百態，在故事中每個不同角色裡感受他的心情，也看見自己在生活裡的心情。

　　看看故事裡的濟公師父是如何布局因緣，又是如何用沒有對立、沒有是非的態度，引導了因緣的改變，也引導了人心的改變。體會每個故事裡的禪意，透過每個故事體會每個角色的心路歷程，我們就能看懂別人的心情，編寫每齣戲的劇本，慢慢一點一點掌握自己人生，這才是做自己。

　　每天都是新的故事開始。

🍐 從平常心講起

師父說：「如果一個人開始覺得失望，那就代表是一個成功的開始。

「如果一個人覺得有希望、覺得快樂得意，那就代表他要開始進入苦難了。

「這個時候就要懂得平常心，平常心就是平時常常傷害自己的心。越是傷害自己，你越是能夠抵抗別人對你的傷害，你的抵抗力就越強，便不會因為別人的情緒而影響了自己的心情。」

所謂傷害自己，不是真的要傷害自己，而是尋找舊傷口然後治癒它的過程。

當心裡出現了「失望」的情緒，要問問自己為什麼失望？是因為願望沒有實現嗎？是因為期望過高嗎？是因為沒有找到做的方法嗎？

為什麼會有抱怨？是因為別人說的話讓我不開心嗎？有什麼事讓自己看不順眼嗎？是自己在跟別人計較什麼嗎？

開誠布公把心裡的痛處找出來，學著面對它，試著停止心中的抱怨，開始對抗自己的情緒，也就能夠開始改變自己。

就像拳擊手想要成為拳王，不能只練習如何出拳，也要練習如何挨打，每天用比較輕的力道打擊腹部，在肌肉不斷受到破壞然後重建的過程中，這副身體就更加耐打、更加堅強。人的心亦是如此，需要常常練習抵抗傷害，要習慣對抗自己的習性，習慣之後就會有了不一樣的平常心。

射箭的得失心

　　師父說：「人說有功就要有賞，做老闆的人對於辛苦做事的人，是不是要知道怎麼給他們獎賞獎勵呢？我們對於獎賞的感受又是如何呢？

　　「古時候有個箭術相當厲害的人遠近聞名，某天他的主公心血來潮說：『只要你三箭都射中靶心，我就賞你一萬兩銀子，但如果你有一箭沒射中靶心，我就把你調去做馬夫。』

　　「雖然平時射箭百發百中，但是主公喚醒了這個人的得失心，想到有可能會因此被貶為馬夫，便忍不住緊張了起來。你們說，他這一箭射出去會不會射中啊？

　　「第一箭射出，咻！射中了中心點，那是因為他平時練得很紮實。

　　「到了第二箭，得失心發作了，手有點抖了。雖然射中了靶心，但是稍微偏了一點。此人一看，心裡更加緊張了起來。

　　「第三箭，你們說會不會射中啊？」

　　「會！」有人這麼回答。

　　師父沒好氣的說：「哎喲，已經說『得失心』了，怎麼可能射中，如果還讓他射中故事就講不下去了。所以，第三箭果然沒有射中。正當主公要下令把他貶為馬夫時，一旁有位大臣走上前來勸諫『報告主公，這人並未犯錯，您卻要為了一箭射偏而貶他官職，這樣是無法得人心的，請主公三思。』

　　「身為明君不能斷然用判生判死的極端方式對待下屬，無論要如何做，一定要有事情輕重、賞罰程度的分別，這是身為領

導者不變的原則。就像故事裡的劇本不管怎麼寫，總是有些規則是不會改變的。

「什麼基本的規則？就像是職場的倫理，做下屬的人對於上司只有接受、配合，沒有第二句話；而上司對於下屬就要懂得挽住人心，要給予他們制度和明確的方向，不能動輒得咎，賞罰不能陰晴不定，不能讓下屬無所適從。

「基本的規則就是人情世故的根本，有了根本就會明白與別人交陪的眉角、訣竅，明白之後，與人應對的感受便會全然的不同。當那些人情世故的根本規則成為了自己每天的習慣，自然能夠擺脫習性的牽制。那就會是一種平平常常的無事感受，這就是平常心。」

這個故事要射的是人心。弓箭手每天射箭與練習，本來是一成不變的習慣，原本沒有好與壞，因為是自己的選擇，本來是無所求的。這顆心會變得不平常是因為有所求，因為心裡有求才會有了得失心，心情才會起伏不定。

如同國君若照著制度走，不以自己的喜惡去破壞制度，君臣之間自然是平平常常的無事感受，但是他的心血來潮，一個隨意的賭注跨越了制度的界線，卻讓自己失去了民心的根本。

人也是一樣的，凡事要照著道理做事，不要加入「我」的情緒就不會失去人生的根本。平常心的境界得之不易，守成更是不容易。

🍐 和尚的惻隱之心

師父說：「前面說到賞罰的分別，當你們在路上看到街頭藝人，如果覺得他的表演很好也要記得打賞，這是使用者付費的概念，我們得到快樂，所以他得到打賞。

「但是，打賞是因為自己看了表演開心，而不是因為『慈悲』，不需要因為沒有打賞而覺得自己不慈悲，那就失去了打賞的動機。

「聽師父一段話：『心自自來，觀自在；自在人心，活自在；不自在人心，樂自在；人在心中，佛心之來。燈塔之下無光點，燈塔之上也無天堂，燈塔之上無天堂，只在心中看心樂。』

「這段話是什麼意思呢？等等聽聽下面和尚的故事。」

我們常常受到別人的情緒勒索，好像不順著別人的意思就對不起別人，其實我們是受到自己的情緒勒索，尤其是「慈悲心」的情緒勒索。

「如果不幫助他，我就是不慈悲的人。」

「如果考試考不好，我就是個壞學生。」

「如果今天不念經，我就會失去功德。」

我們常常為了恐懼的情緒而帶著不情願的心情去做事，所以心中無法快樂，有時候不情不願把事情做了，沒有得到預期的結果，心中更會容易有怨的情緒，這樣當然無法找到快樂的心。

要如何遠離慈悲心的情緒勒索呢？師父說的燈塔與天堂之間又有什麼意義呢？

和尚的修與行

師父說：「以前有個和尚決定要去某個村莊修行，這時濟公師父告訴他：『你去到那裡絕對不能救任何人，包括任何動物，如果你要選擇救人或動物，日後你就必須知道如何自我忍耐，就要知道如何承擔。』

「和尚說：『我是修行的人，怎麼可能見死不救呢？』

「和尚一輩子受的教育與訓練就是奉獻、捨身與救世的惻隱之心，他心裡還是堅持要拯救眾生，他也不和師父爭論便出發去到修行之地，自己建了草屋，每天誦經、打坐、做功課，過著愉快的修行生活。

「某天，濟公師父忽然來到和尚的草屋，濟公師父說：『從今天開始，你要打造一艘大船，要可以容納二十個人，這是為了日後救人而造的船。』

「和尚懷著善心當然答應了，並且每天認真打造，一年之後終於完成了。

「有天忽然風雨交加，這艘船的船帆也揚起準備出發，就在這個時候淹起了大水，一時山崩地裂，就在和尚心裡緊張起來之際，他醒了過來。啊！原來只是一場夢。

「和尚心裡明白，這是神佛給他託夢，他觀察天象，的確有暴風雨的跡象，於是他加緊腳步把船準備好，做好了應變的準備。」

「如果是我，面對師父的兩個交代，一個是不要救人和動物，另一個是要造船，我會用什麼樣的心情選擇呢？」

惻隱之心

「終於颱風來了，在強勁的風雨下山洪爆發，大水從山上沖刷下來，和尚趕忙開船並呼喚村民們上船避難，但是村子裡有三十人，超出了船的容量。這時他想起了師父交代不可救人的事，但是在這種緊急的情況下，他沒有什麼選擇，仍盡力把所有村民救上了船，這時船上有二十九人，因為人數過多，船在大雨中搖搖晃晃，很勉強的航行著。

「船在河上走著走著，和尚忽然看到河中的浮木上趴著一隻老虎，他忘了師父不可救動物的交代，跳入河中救起了老虎。老虎上了船不只是船上的村民們害怕，老虎也同樣害怕，牠緊繃了每根神經憤怒地吼叫著，不讓人們靠近牠。

「就在此時，和尚從老虎的身後爬上了船，老虎驚恐之下冷不防一口咬下了和尚的一隻臂膀，和尚痛得暈了過去，往後一仰摔入了河中。村民們趕緊一擁而上把老虎給推下了船，遠遠看著和尚與老虎被捲入河中的漩渦。

「為什麼這二十九個人不救和尚呢？因為顧自己的生命要緊，這就是人心，和尚的惻隱之心不一定就能得到回報。

「如果你是這個和尚，如果你救過的人不為你伸出援手，心裡能夠無怨嗎？」

救與不救之間

「這個時候，濟公師父駕著一艘船順利把和尚救了上來，經過一個多月的療養，和尚雖然失去一隻手，但是身體漸漸恢復

了健康。和尚一直困惑著，終於開口問了濟公師父：『師父您當初交代我不要救人，也不要救動物，那又為什麼要我建造那艘船呢？』

「濟公師父說：『如果師父不叫你造船，你就無法得救，師父要救的是你。

「如果你沒有救那二十多人，你也不需要讓師父救你，師父要的，是你的自救。

「當初你若是聽師父的話，不救人與動物，你自然會平安無事，只是師父明白你的慈悲心，你不是見死不救之人，但是你的選擇將會讓自己承受痛不欲生的苦難，失去了一隻臂膀，還要承受別人棄你而去的痛苦。走過了生死這一關，你就要明白，雖然師父提點你如何避開災禍，但是最後要怎麼做還是得問問你自己。

「在那個危急的時刻，你是不是覺得自己救人也不是，不救也不是呢？你要明白，你可以選擇救人，但每個選擇就要自己承擔，你要承受這苦難，你要承受這一切的因果，你更要明白這一切的感受都是來自於你的惻隱之心。人生的一切種種都是自己的造作。」

我們常常認為行善一定會有善報，但是惻隱之心都可能要付出代價，救與不救之間，我們並不是沒有選擇。每個選擇都要明白自己的承擔，有了承擔，心中就不會有怨。

說到這裡，師父問：「如果換作是你們，你們會選擇救人嗎？如果要救，那就要走這條苦難的路，那就要無怨地承擔苦難，

但是就算你救了人，也不一定能上天堂。」

有的信仰宣揚行善上天堂的想法，間接也暗示不行善就上不了天堂的想法，這也就是「慈悲心」的情緒勒索。如同前面提到的，如果不給街頭藝人打賞，我們的慈悲心就不夠的想法一樣。面對眾人所說的善行，我們真的沒有別的選擇嗎？天堂究竟在何處呢？

師父說：「濟公師父雖然交代不能救動物，真的不能救嗎？當然可以。真正的問題在於當這隻老虎處在驚恐情緒中，牠對人還有防備之心時，牠害怕被人傷害而且還有傷人的能力，在這種情況下救牠，牠不會感恩救助的人，救牠只會害到自己。除非牠已經奄奄一息，除非牠的心裡有求於人，這個時候牠才會知道感恩，這個時候才能夠救牠。所以，雖然有慈悲心，但是你們要做出不一樣的分別和選擇。自己的選擇就是承擔，選擇錯了就要承擔一切苦難，如果知道自己無法承擔，就要做出不一樣的選擇。

「你們在生活中也許曾經遇到類似的情況，想要幫別人卻被反咬一口，所以如果想救人，那就要想一想能不能救，又該要如何救。面對自己的慈悲心不要受到情緒的控制，要用不同的感受去做，這樣才是真正的修行與修道。

「你們好好想一想，故事中的濟公師父、和尚與老虎，這三者的三角關係，要融入每個角色之中。想想自己，在公司、在工作上的感受是如何，為什麼我做的事會招致別人的怨恨呢？在這個時候又要承擔什麼樣的苦難呢？為什麼慈悲心和信仰，

會讓人越走越是苦難呢？」

　　說到這裡，師父讓大家靜靜思考三分鐘，思考信仰中的惻隱之心是如何影響自己的生活。我們或許在生活中都曾扮演了和尚的角色，我們想要對別人伸出援手，想要勸別人放下情緒，卻公親變事主，反而受了一肚子的氣。我們也有可能是那隻老虎，沒有看見自己陷入的困境，反而把別人善意的幫助當做傷害，也曾經咬傷了別人一口。做人，真有這麼難嗎？

選擇承擔

　　三分鐘的思考過後，師父說：「和尚的慈悲心雖然讓他遭受苦難，最後仍然是濟公師父救了他。但是和尚心裡仍然充滿了疑問，就好像你們也常常在心裡對於師父的話掛著問號，『究竟師父說的事何時才會發生呢？究竟是真是假呢？』

　　「其實師父的話總是會實現的，但就好像故事裡的和尚，一個人必須走過自己的苦難才能夠有所明白。無論是如何的苦難，最後師父還是會幫助你們脫離難關，如果你是故事中的和尚，如果你能夠堅決不去救人，一定能夠平安大吉，問題是你真的能做到嗎？

　　「你在故事裡的角色畢竟是個修佛的人，你的身分有著限制與習慣。如果師父要你們去造船，如果你們從來沒有造過船，是不是能夠像和尚每天吃苦耐勞，每天用心花時間去做呢？

　　「每天的用心就是一種累積。這個故事是在點破人心，一個修佛的人，當他面對自己的惻隱之心，必須明白自己應該怎麼

做，更要明白自己將要如何承擔。當你們選擇要走惻隱之心的這條路，就要明白苦難即將隨之而來。」

過去的人生裡，我們受的是自己看不懂的苦，我們不知道為什麼會發生，心裡總是抱怨。就像大船明明只能載二十人，和尚卻選擇多載了九人，萬一翻船了，後果又要如何承擔呢？如果我們是和尚，在面對第二十一位哭著要我們救他上船的人時，要如何面對自己的惻隱之心？

如果能夠看懂了惻隱之心帶來的苦難，我們就開始有了選擇。

「我們可以選擇放下惻隱之心，而不會自責沒有慈悲心。」

「我們可以選擇堅持惻隱之心，甘願承受那份苦難。」

看清了自己的選擇，因為有了承擔，我們受的將是明明白白的苦，就算別人不感恩，就算別人不願回報，我們的心也不會再受苦。因為明白，所以無怨。

教導之心

師父說：「有人會問，為什麼不能直接告訴他最後的答案？如果你是老師，學生不知道如何解決問題，你會怎麼做呢？是要直接告訴他答案？還是讓他自己去摸索？或者是提示方向，讓他可以依靠自己找到答案呢？

「師父的做法就是像故事一樣，只是點醒和尚努力的方向，要讓和尚自己去啟動，但是不管和尚做了什麼選擇，濟公師父都會照顧他到最後，因為只有自己啟動之後的過程感受，才能讓一個人真正的改變、醒悟，屆時師父才能給你們真正的教導。

「父母照顧孩子也是一樣的心情，做父母的可以每件事都牽著孩子的手去做嗎？那樣的話，孩子又要如何長大呢？這就像是和尚的惻隱之心，做父母的也要放下惻隱之心，再怎麼也要捨得讓孩子自己去努力，只要記得在他們努力過後好好照顧孩子受傷的心情，讓孩子明白依靠自己長大的感受是什麼，他們才會一天比一天更強壯。這也是師父教導你們的心情。」

另一個角度

師父說：「如果我們是村民的角色，和尚願不願意救我呢？他為什麼要救我？我憑什麼要他救我？平時我和他有來往嗎？有交情嗎？我有盡力幫他的忙嗎？我關心他嗎？如果不是和尚的慈悲為懷，我能夠得救嗎？如果遇到素不相識的陌生人，我會出手救他嗎？

「想一想這些問題中的感受，你就會明白平日要怎麼與人應對相處，該要怎麼對待別人。」

如果能時時與人為善、廣結善緣，如果能柔軟又有韌性地說話應對，如果懂得如何貼心，貼近老闆的心，貼近另一半的心，貼近身邊的人心，自然不用擔心沒有貴人相救。所以師父總是提醒我們不要與人對立，尤其不要用「對立」的態度說話，不要為自己製造敵人，否則落難之時就是別人落井下石的時候了。

師父說：「師父講的許多故事都在提醒你們要懂得如何分別，要能時時轉變心態和想法。」

說到這裡，師父隨口問了一個門生：「剛剛師父講的故事，

你有沒有體會呢？」

門生回答：「我完全能夠理解。」

師父說：「這樣的回答並沒有融入師父的情境，沒有辦法打動師父，也沒有貼近師父的心。你要試著從別人的角度思考，別人為什麼要問你問題呢，要的就是你的回應，要的是能夠打動別人的那種回應。你要說的是別人需要的回應，而不是你自己想講的答案。比如說，你剛剛如果回答：『師父啊，我打從心裡有了很深刻的體會，我的體會是如何如何……』，如果能夠把自己的體會講出來，這樣是不是就讓師父覺得很開心呢？

「即使你心裡還沒有體會，也要知道如何應對，好的應對才能讓你在公司拉近和老闆的距離，也拉近與別人之間的距離。就像妻子問你：『我身上這件衣服漂亮嗎？』當然要說漂亮，不管好看與否，她聽了開心最重要，這並不是虛偽，也不是虛情假意，而是一個與人為善的動機，是為了貼近人心。

「懂得轉換角度思考，懂得為別人著想，你與別人的應對態度、方法就會完全不一樣，你的廣結善緣也會完全不同。」

在過往的人生裡，我們可能都習慣了以「我」為中心的思考方式，這樣的角度讓我們看不見自己的盲點，看不見別人的付出與努力，也將會成為提升自己的一大困難與障礙。

我們需要學習如何從「我」的角度轉換到「別人」的角度，學會如何體會「別人」的感受，才知道要如何說出別人想聽的話，而不只是講自己肚子裡的話，有了這樣的轉念才不會說出與別人對立的話語。

思考如何改變我們與別人應對的心態，在這些思考的過程裡，將會帶來轉變自己的動力，也會帶來改變自己的能力。

吃肉的選擇

師父說：「故事還沒講完啊，濟公師父救了和尚之後說：『日後你在這裡修練，好好念你的經，別再吃素了。』

「什麼？濟公師父竟然叫和尚不要吃素？這又是什麼道理？那是因為大水過後滿地荒蕪，已經沒辦法種菜了，周圍更是杳無人煙，唯一的生存方式就是設陷阱、打獵，這樣才能養活自己。你們想想看有可能嗎？要叫這個和尚改吃葷有可能嗎？

「和尚說：『師父，您別再捉弄我了，為什麼要出這個難題給我，我信佛吃素吃了一輩子，怎麼可能再去吃肉呢？』

「你們看看，師父對你們的要求有時是不是也像這故事裡的濟公師父一樣為難呢？

「後來，這和尚還是堅持自己的信念絕對不去捕捉動物，七天之後周圍能吃的水果已經被摘光了，和尚餓得兩眼昏花，他要怎麼辦呢？這個時候濟公師父出現了，拿了碗齋飯輕輕在和尚的面前一放，又悠悠哉哉走了。

「和尚歡喜地捧起齋飯，正想要吃才忽然想到：『咦？師父是從哪間廟拿來的齋飯啊？怎麼能夠這樣來去自如呢？師父一定是知道離開這裡的路。我真傻，為什麼要一直待在這裡？我應該要跟著濟公師父走，去找到布施這碗齋飯的寺廟，我就可以有個修行的地方了啊！』這才趕緊追著濟公師父的腳步而去，

順利找到安身之所。

「這個和尚真的傻，濟公師父叫他待在這裡不要吃素，他就傻傻留在這裡。你們啊，凡事要明白動機，要知道自我啟動；凡事不是要幫助自己，而是要啟動自己；啟動之後才會知道自己人生的方向，如果不啟動就只能留在原地等著別人來救你，那麼別人又為什麼要救你呢？

「你們相信神嗎？不要相信神，而是要相信道理，要聽見真正的道理啊！」

燈塔之上，沒有天堂

還記得師父一開始吟的詩嗎？

心自自來，觀自在；

自在人心，活自在；

不自在人心，樂自在。

意思是這樣的：人如果能夠自我啟動心中的動機，那麼無論別人說了什麼，無論怎麼樣的情緒勒索，在他心中看見的自己都會是自由自在的，不受別人的影響。自由自在的心能夠活得自在，因為不再擔心別人如何看待自己，因為明白一切都是自己的承擔。當心裡感到不自在，就要懂得如何自得其樂、自取其樂，要找回自己的樂心與動機，放下對於別人看法的執著，那樣才會快樂、自在。

下一段詩句：

人在心中，佛心之來。

燈塔之下，無光點，燈塔之上，也無天堂。

燈塔之上無天堂，只在心中看心樂。

人要修的就是一顆佛心，而不是慈悲心。佛心要如何修呢？
就在如何看清自己、看清人生就像是演戲，時刻明白自己當下
的角色與動機，如何選擇，如何承擔，如何不受慈悲心的捆綁。
人的信仰就像是一座燈塔為我們指引方向，我們要順著燈塔指
引的方向自我啟動，找到自己的目標前進，而不是向著燈塔而
去。燈塔之上並沒有我們要追求的天堂啊，天堂是在遠方，我
們要自己啟動船帆，隨著燈塔指引的方向，努力划動船槳前進。
信仰並不會讓我們上天堂，在信仰之下也沒有功德可取。信仰
是一份指引，卻不是我們上天堂的原因。天堂在哪裡呢？就在
心裡，一念天堂，一念地獄。

我們在學習模仿、在做起的過程之中，把人生這齣戲演得圓
滿，圓滿了身旁種種緣分，就能明白這顆心是可以自由自在的。
當我們終於突破了自己給自己的限制，當我們終於學會享受歷
經苦難經驗之後的快樂，那麼人生處處都會是天堂。燈塔是我
們身後的後盾，指引著我們前進，這艘船的舵正握在自己手中，
方向要自己決定。

心自自來，觀自在

心自自來，觀自在。

　　無論什麼事情都需要自己啟動動機，自己決定如何承擔，自己決定下一步，無論結果好壞都能當做一場遊戲看待，失敗了就重來，心甘情願承擔。

　　就像師父的教導或指點，我們需要的是信心與堅持，思考的不是真或假的問題，而是如何回歸自己的動機。

　　問自己：「我要不要啟動？」

　　問自己：「我要不要改變？」

　　問自己：「我要不要自己承擔結果？」

　　如果執著在濟公師父每句話的對與錯，只想要靠濟公師父的一句話改變人生，等於把自己人生的選擇交給了濟公師父，把承擔也交給濟公師父，這不就像是在燈塔之上尋找天堂嗎？

　　好像有的人總是希望師父給他們答案，希望師父解決他們的問題，卻不接受師父點醒他們的教導，總是在自己的想法裡打轉，老在原地徘徊著。

　　心自自來，觀自在。所以在故事中，濟公師父叫和尚不要吃素看似無理，其實是一句點醒，點醒和尚要決定承擔，要自己去找出路，唯有依靠自己的努力走出難關，才能真正破除自己的因果，靠自己保佑自己，無需虧欠天地神明，這才是師父對我們最大的用心與照顧。這樣的啟動，才是心自自來，觀自在。

　　明白了這樣的啟動，便會看見師父點醒指引的方向，更能夠相信自己，也更加依靠自己，心中的樂心就能像太陽一樣，那是自我發光的，更是源源不絕的快樂。燈塔之上無天堂，只在心中看心樂。

🍐 應對的心態

濟公師父常常教我們如何與人應對，那些應對方法的關鍵其實不在於話要如何說，而是在於自我的心態如何調整。

老二哲學

師父說：「和尚的故事是為了讓你們有所體會。師父眼中眾生都是平等的，那些能夠受到師父幫助的人，是願意開口問濟公師父的人、是願意接受師父教導的人，至於罵濟公師父的人，師父要如何救他們呢？

「如果有緣還是要靠師父救他們。如果要等到很久之後，等到你們已經年老、重病才要師父救你們，到那時你們自己能做的改變已經很有限了，也沒有能力再改變什麼了，所以要把握當下。

「有時有些人聽了師父一句話，覺得受到師父的話語傷害而生氣，他們生氣是因為心態還沒有準備好，不明白如何去順應別人的教導，心情一旦和師父對立了，和師父的緣分又要如何連結呢？就像故事中的和尚經過這次苦難之後，你們覺得他會從此認真跟隨濟公師父學習嗎？」

有些門生說會，有的說不會。

師父笑了笑說：「哎呀，一個人的習性難改，要修道人虛心受教是不容易的，就像是專業的人、像那些聰明的人，總是不容易明白為什麼需要向別人學習、模仿。

「所謂專業的人往往是專治自己，因為堅持自己的看法，所以學不會如何融入別人說話的情境。就像做老闆的人、聰明反應快的人，他們不容易把別人的話聽進去，他們沒有耐心把別人的話聽完，那就少了瞭解別人後續動向的機會，日後與別人的相處就不容易融入自己的角色，這就是自己的專業聰明耽誤了自己。

「做下屬的人如果不懂得要了解老闆的想法，就無法順應老闆的意思說話，師父常常說對老闆說話要學會『捧』，原因就是如此，心裡要懂得順，懂得如何順應老闆的意思，講出來的話才能讓老闆認同。如果只想要求表現、堅持自己的專業與聰明，同樣又被自己所治，你們的貴人就會越離越遠。

「過於堅持自我的人，被別人用職位壓迫時容易心中有怨，這個時候如果不懂得調整心態，便會在行動、說話上得罪人，甚至故意在工作上刁難、報復別人，這些都是不可以的。記得，我們既然要學習道理，那就絕對不可以批評別人，絕對不可以有報復心態，不要在心裡累積怨恨。

「當公司的政策公布時，老闆一旦訂出行動方案、部門的方向，你就要放棄自己的堅持，因為你是其中的一份子，要全力支持配合。師父說的放棄堅持並不是放棄自己的想法，而是把原來的想法和提案再做修正，想想看為什麼得不到別人的欣賞，多做了幾次修正，下次自然有機會得到別人的認同。」

師父停了一會兒，看了看眾人，才又繼續說：「在這種時候問問自己：『我想不想要進步？我想不想要更上一層樓？』

「這時不如告訴自己：『算了吧，做我的老二哲學吧』。這就是你們要學會的心態。」

做人處世常常會有不順的時候，不順的不是別人，而是我們的心，因為我們還沒有看懂這個不順的感受是怎麼來的。有時，是我們該順卻不願意順而造成的。

師父說：「面對老闆，記得表現出你們的老二哲學。凡事不需要堅持作主，人要作主是件辛苦的事，當情勢不是站在我們這邊時，尤其面對主管，就要學著順人順勢而行，這樣做人做事會輕鬆得多。

「千萬不要逆勢而行，如果你想要和別人較量，那就要有足夠的把握，確認自己的實力比別人強。配合別人並不是軟弱的表現，現在的積極配合就是用時間換取空間，讓我們自己的力量有足夠的時間和空間日漸強大，好增強實力。」

有門生舉手發問：「請問師父，如果我有好幾個層級的老闆，他們彼此的意見不一樣，我要聽誰的呢？」

師父說：「不管他們的意見如何，在個別面對每個老闆時，都要配合每個老闆的意見，他們幾個人自然會去整合相互的意見，你要讓每位老闆都感覺到你的全力配合，這就是一個能幹的下屬做的事。

「你並不需要加入太多自己的意見，因為你不是決策者的角色，既然不是決策者，為什麼要做決策的事呢？你先要明白自己的角色和心態；明白了角色和心態，講話的口吻才會符合你的角色，才能融入別人的情境。

　　「比方說，當你詢問老闆要在哪間餐廳吃飯時，如果直接問：『老闆，我們中午去吃川菜小館，好嗎？』這樣的問話方式已經加入了自己的意見，因為你只給老闆同意與不同意的選擇，這樣容易造成老闆的誤解和不信任。

　　「老闆要的是我們用『下位者』的身分說話，要表現出居於人下的感受才能得到老闆的信任，所謂老二哲學就是不要表現出作主的態度，既然做人下屬就要以別人為主，自己不要做主、不要做決策。

　　「『老闆，請問中午您想要去哪間餐廳用餐呢？』這樣的說話方式把選擇權完全交給老闆，才是在下位者的說話方式，即使你已經知道答案也不要說出來，因為你不是決策者。

　　「只要這個人會提攜你、對你有幫助、是你注重看重的人，那麼在應對時就要以他為主，要表現出老二哲學的態度。如果是自己不需要特別注重的人，例如自己的下屬，就不需要這麼做，對下屬的說話如果沒有讓他明白他是在下位者，下屬就不會控制心中的怨氣和不滿，早晚會爬到你頭上。

　　「何時該自己作主，何時要用老二哲學，要明白分別。」

應順自己

　　濟公師父問一位門生：「今天師父說的對你很有幫助啊，但是你要幫助誰呢？」

　　門生回答：「幫助我自己。」

　　師父說：「不能幫助自己，是要啟動自己，要明白如何做自

己該做的事情。不要幫助自己，無論是對別人或是對自己都不需要用惻隱之心，要用什麼呢？要用應順之意。」

不要幫助自己，意思是不要對自己用惻隱之心。當自己遭受苦難、陷入困境，並不是憐憫自己的好時機，更不是自艾自憐的時候，那只會讓自己陷入情緒的拉扯，讓自己否認問題，讓自己逃避面對。憐憫自己只會讓自己陷入更多情緒，陷入人與人的是非對錯，陷入比較、計較的心情，就像一腳踩入流沙，只會越陷越深。

同樣的，如同故事裡說的，一旦用了惻隱之心，那就要準備面對苦難。

比如說，師父點醒了你一個問題，或者是你的長官、好友指出了你現在的問題，他們希望你能調整自己，也許態度有些嚴厲，也許口氣不好，在這個時刻我們會怎麼反應呢？我們會不會因為別人的態度不好、口氣不好而急著安慰自己呢？或是急著否認那些問題？

所以，不要因為別人的口氣而影響了自己的動機。這就好像在路上遇見鄰居跑來告訴你：「哎呀，你家失火了，你怎麼還在這裡悠悠哉哉的，搞不清楚狀況啊？」這個時候還有時間計較別人的口氣嗎？你還會有心思憐憫自己嗎？

「哎呀，你為什麼不好好講呢？」

「啊？我家失火了？我怎麼這麼命苦啊？我要怎麼辦啊？」

這樣的想法是不是很傻？如果繼續對自己用惻隱之心，房子就要被燒光了。

所以，面對生活中的苦要啟動自己，要明白動機，這個時候要趕緊去確認家裡是不是真的失火了，如果沒有當然很好，就

當做是個提醒，好好做個預防檢查，避免日後真的出了問題。

隨時啟動自己的動機，趕緊調整腳步往下一站前進，把昨天的哀怨都拋在腦後。啟動自己，不要幫助自己。

應順之意

師父說：「剛剛有說到應順之意，什麼叫做應順之意呢？就是外在順著別人的意思做事，內在還保有自己的想法與思維。」

門生問：「應順之意？那是不是說這故事裡的和尚，應該完全照著濟公師父的話不救人也不救動物呢？」

師父搖了搖頭說：「和尚雖然應順師父的意思，卻要保有自己的思考，能夠自己作主選擇。心中有疑問的時候，他可以用居於下位的口氣說話，把心中的疑問表達出來，這樣濟公師父才有機會牽成他，而後他能夠調整自己的思考，自己決定如何做出選擇，而不只是事事順著別人的話語。

「外在的順是內在思考後的決定，而不是委屈自己，這才是應順之意。如果能學會這樣的心法，雖然居於別人之下，但是生活永遠都在平順當中，永遠都能享受高官厚祿，永遠不會樹立敵人，尤其是在商場或官場的人，都要學習這樣的心法。

「有時我們會陷入兩難的狀況，假設你和小明同一個老闆，而且你和小明是好朋友，如果有天小明和老闆起了衝突，而你夾在小明和老闆之間，你該怎麼辦呢？

「如果你為了惻隱之心，幫小明向老闆說好話，你就會得罪老闆，如果你的立場是站在老闆那邊，你選擇幫老闆說話，那

麼你和小明的朋友就沒得做了，那要怎麼辦？

「這個時候不要用惻隱之心，要用應順之意。如果小明私下對你抱怨長官，這時聽聽就好了，絕對不要跟著批評，更不要附和，一切都接受。那是因為你心裡知道，他是你的好朋友所以順著聽話，但是你更知道要修口，所以你不會附和。

「如果到了老闆面前，不管老闆說什麼，就順著老闆的意思去做，也不需要提小明的事。如果你想幫小明說話，那就準備被打入冷宮，因為那會逆了老闆的心情。只要你能夠盡快把老闆不滿小明的事處理好，小明的問題也就跟著解決了。

「所以一個聽、一個順，聽小明而不動作，順老闆而立即執行，這就是應順之意的做法。時時保有自己的思維。」

門生問：「但是這麼做就失去了自己的風格了啊。」

師父說：「在老二哲學裡沒有風格，老二哲學只有享受。風格是屬於領導人的，面對領導人就不需要自己的風格。這是一個取與捨的選擇，如果你想要作主就要苦眾人之苦，還要站在最高點承受眾人的責難，或是壓迫別人做事的感受，那就是高處不勝寒的感受。但如果是老二哲學，你只需要享受自己手上已經有了的資源，你可以放鬆心情做事，又可以和每個人平順的相處，你要選哪個呢？

「在戲棚下等久了，你們就是把戲看完，期待著下一齣戲的開始，等待久了自然會有你的機會。說到等待，是等待未來嗎？要如何等待呢？好好想一想吧！」

老二哲學中的應順之意，教我們把心調得服順，能夠服順地

與人說話，創造和順的氣氛，還能保有心中的動機與思維。然而，師父說的等待是要等待什麼呢？又要如何等待呢？聽聽師父的下一個故事吧。

🍐 活在當下的等待

不困於未來，只有當下

師父問：「你們覺得師父有沒有未來？」

一位門生回答：「每個人都有未來啊！」

師父說：「沒有未來，因為師父只有當下，當下的樂心就是一切自然的快樂心，不要把心思寄託在未來感受。不要把自己的快樂寄託未來，如果對未來有期待，如果總是等待未來的好事發生，你們就無法有樂心。」

門生又問：「難道只要知道當下，都不用考慮未來嗎？」

師父說：「你口中說的未來，現在做得到嗎？如果做不到，又要如何快樂呢？為什麼要為了還沒來到的事而影響現在的樂心呢？人的心常常為了期待未來的感受，容易受到別人言語的影響，或者受到自己的幻想左右，導致心情無法平靜，而落入煩惱的情緒境界裡。

「『你的父母都是台大畢業，以後一定也會考到北一女。』

「『我在老闆面前說錯話了，未來升官的機會都沒了。』

「『孩子念書的態度這麼差，以後找不到工作怎麼辦？』

「就是這樣的幻想境界，讓你們的心情總是執著在煩惱裡。」

幻想的故事

懂得等待，幻想就不會再是幻想。

師父說：「聽師父講一個幻想的故事。以前有間寺廟因為時

節不好，信者捐獻也少，廟裡的和尚們很久沒有吃到白飯了，某天有位善士決定要奉獻一大桶白飯，就請住持派人來取，好讓大家有白飯可以吃。

「住持相當高興，派了最信任的大弟子前去，大弟子經過一天的辛勞，終於把白飯順利運了回來，正當住持想去廚房鼓勵一下大弟子時，卻看到大弟子隨手拿了一口白飯往嘴裡塞。

「『他怎麼會自己先偷吃啊？』住持不免有些詫異地這麼想。住持平日總是教導弟子們食物要共同奉獻、共同享用，今天大弟子怎麼會有這樣的舉動呢？住持畢竟有著多年的修為並不急著發作，他不動聲色離開了現場，過了一刻鐘才又回到廚房。

「住持對大弟子說：『走這麼一趟路真是辛苦你了，因為你的奉獻心，大家才有白飯可以吃。但是你也知道大家都很久沒有吃到白飯了，如果有人先吃了，你覺得這樣的行為適合嗎？』住持委婉點醒了大弟子。

「大弟子一聽就明白住持的意思了。他連忙解釋：『住持，我剛才把白飯運回來後，看到白飯的一處沾到髒東西，所以我先挑出來，但是丟掉又覺得可惜，就自己把它吃了，剩下的白飯都已經準備好給大家享用了。』

「聽到這裡，住持忍不住嘆道：『眼睛見到的，竟然不是真的啊！』

「人們常說『眼見為憑，耳聽為真』，但是師父告訴你們，耳朵與眼睛都有盲點，就算眼睛看到的、耳朵聽到的，也不要輕易相信，沒有把握的事就暫且『放著』。」

眼睛看到的、耳朵聽到的，只是當下這一刻的模樣，我們有時會忘記此刻所聽所見的僅是一小段情節，卻不是全貌，那些我們不知道的情節常常是被自己的幻想所取代。許多的事都是我們自己的情緒想像，尤其是經過了心的幻想之後，將會產生更大的誤會。

門生問了：「如果眼睛看的不是真的，那要怎麼辦呢？」

只見師父往後一躺，打起呼來，說：「啊！我要睡覺。」

門生笑著問說：「所以這個時候睡覺就好了嗎？」

師父馬上坐了起來，笑嘻嘻的說：「是啊，就去休息就好了，這就是『放著』。

「『放著』不同於『放下』。『放著』就是等待，等待有能力的時候再做判斷，沒有能力的時候就是繼續放著。所以與人說話不要衝動，講話要留餘地，留餘地不是為了別人，而是為了自己可能有的盲點。換句話說，就算眼前發生了事情，後續發展也未必就會像你猜想的，不要太早落入煩惱，何必庸人自擾呢？」

當情緒來臨，心的盲點會擴大人與人之間的傷害，會讓自己忘記了過去曾經對別人有的信任，也忘了自己的初心。即使是在故事裡，即使是這位住持，都可能對他最信任的大弟子產生誤解。

「啊？原來大弟子是這樣的人喔，真是看錯他了。」我們有時是不是也會這麼想呢？因為一件小事而輕易改變了對別人的想法，也放棄了自己原來對別人的相信。

　　因緣的改變時時刻刻都在發生，這一刻的看見，下一刻就有可能改變。平靜的觀察，自在的等待，學習放著，在等待之中感受自己的自在心情。

庸人自擾的故事

　　門生對於庸人自擾這句話仍然有著疑問。

　　師父說：「再聽聽另一個故事吧。從前有位濟公師父，他走到某個村莊看到一間廟，名字叫做『植菜廟』，裡頭放了一束用稻草紮成的簑衣，師父很好奇為什麼這間廟拜的不是神明，卻是簑衣呢？

　　「一旁的村民解釋：『這是為了五穀豐收所以才敬拜這件簑衣，我們每年總是可以收穫三次，每次收成之後就會準備飯菜來這裡慶祝豐收，明晚就是我們的慶典，請師父一起來參加。』濟公師父點點頭答應了。

　　「隔天傍晚，果然家家戶戶都拿出好酒好菜出來祭拜慶祝，正當大家開心時，濟公師父對眾人說：『雖然今年如此豐收，但是依師父觀察今晚的天象，明年必有水災，到時就很難再有這麼好的收成了。

　　「村民們忍不住抱怨：『師父，請別這麼說啊！我們有簑衣保佑，明年一定還是會大豐收的。』

　　「故事講到這裡，接下來要怎麼辦呢？」

　　門生說：「師父這麼慈悲，可以點醒他們該怎麼做啊！」

　　師父說：「這不過是個故事，不管怎麼演變都無關緊要，未

來如何也無關緊要，你們又何必庸人自擾？故事說完了。」

門生一聽更糊塗了，說：「師父，您說庸人自擾？故事就這麼結束了？」

師父說：「雖然師父說來年會有水災，但是明年真的就會發生嗎？既然村民仍然相信會豐收，他們又何必庸人自擾呢？還不如等時間到了再決定要怎麼處理。所以師父送你四個字『庸人自擾』就可以解決一切的事情，以後故事會怎麼演變師父也不會知道，師父只能指引一個方向，聽懂了嗎？」

門生搖了搖頭。

師父說：「雖然你們相信師父的靈感，但是村民們當然只相信自己的信仰，每個人的動機不同。你們明明只是聽故事的人，卻要和故事裡的村民計較，計較村民的蓑衣比較靈感，還是濟公師父比較靈感，你們急著要看到比較的結果。

「何必急著懲奸除惡，何必要急著爭個你對我錯呢？為什麼急著要讓眼前的事情馬上有個結果和判斷？為什麼不願意等待呢？

「就像你們不能明白這個故事為什麼沒有結局一樣，為什麼一定要有個結局呢？

「對於你們自己的人生，為什麼總是在等待一個結局呢？等待著升官，等待著賺大錢，等待著好運降臨，這樣是不是庸人自擾呢？回到你自己的故事吧！等待，等待時間的開始，等待時間的結束。

「所謂等待，有分兩種和五種的不同。如果分成兩種，那就

是運與機會，這是被動的等待。如果分為五種，那就是取、拿、衝、攻、破，這是主動的等待，就是要主動進攻，積極的等待。」

門生想了想，問：「這五字都是行動啊！哪裡是等待呢？等待與行動有衝突呀！」

師父說：「等待到機會來臨之時，當然就要採取行動，如同一個獵人等待多時，總算等到獵物經過，難道是要開心的對牠揮揮手，說一聲『哈囉』嗎？

「當然不是。師父說的等待並不是永遠等待下去，而是等待一個行動出擊的適當時機。人在社會生存就有競爭，有競爭才有成就，成就會造成人的成功與失敗，勝者為王，敗者為寇，如果你心軟不對獵物出手，怎麼會有成功的機會呢？一將功成萬骨枯，好好去體會這句話的感受。」

門生這才點了點頭。

師父說：「不管故事怎麼走，不管你往後的人生要怎麼走，哪裡有什麼註定的未來呢？沒有什麼事情是註定的，一個算命仙說得再準又如何？你的人生還是要靠自己創造。就像師父常常提醒要怎麼走日後的路，仍然要靠你們自己去做。凡事就是要等待、啟動，等待是為了啟動、為了要取得成就，這才是老二哲學的目的。」

人生並不是每個問題都能在當下就看見答案，凡事需要等待。有時也不一定需要答案，就像是拜簑衣的故事，那也許只是一段因緣，因緣就交給天決定，我們只需要隨順這個緣分。

師父用兩個廟的故事點醒我們，每個人都有盲點，就像是古

佛說的「不知道」，不知道的事我們就是靜心等待，不需要庸人自擾。靜心的活在當下，靜心的等待，隨時保有啟動的動機，自由自在。

何謂正信

我們對於信仰的期待是什麼呢？是對人們的庇佑，是心靈的寄託，或者是讓自己心安的方法呢？

在面對痛苦的時刻，在一心渴望著要成功的時刻，我們又是如何看待信仰的呢？只要誠心信仰就一定會成功嗎？

痛苦的經驗

師父說：「即使是師父也要經過痛苦。過去總希望和師父結緣的人，做生意都能賺大錢、能夠成功，但是師父就算可以為他們加持，也只能讓他們一時的生意好轉，到後來如果自己沒有實力，如果沒有經過考驗和痛苦的過程，如果他只想靠著拜神來保佑生意，自己卻不努力改變，最後也不可能成功。

「凡事記得，不論是眼睛看到的、耳朵聽到的是什麼，每個人都一定要走一個過程，才能夠真正的有所明白。就像是一個男人想讓女友願意嫁給他，一定要有努力追求的過程，不可能什麼都不做就會成功，所以你們要想清楚這一點，在人與人之間就是要互相感受，需要有互動的過程，否則故事結果就會不一樣了。」

如同見到一位美麗女子，我們知道了她的美，但要得到她的心，一定需要經歷非常努力的追求過程。同樣的，聽見一個動人的故事，聽見了很有智慧的道理，但想要得到這道理的精髓，一樣要經過一段追求道理的過程，要用心去練習與參悟，否則

185

過了幾天，你們就會把道理給忘了，全都還給師父了。所以，不只是「知」道，而是要「行」道，需要努力付出行動。經歷了辛苦的過程，真正有所體會與感受之後，才有可能把師父講的道理轉化為自己的體會，這才是「得」道理，開始生起智慧。

兄與弟的故事

師父說：「男子追求女子，就好像你們和師父之間，你們追求的是道理中的智慧，同樣需要付出行動去追求，說個故事給你們聽。

「某兩兄弟的父母多年來一直虔誠跟隨著濟公師父奉獻付出，所以兩兄弟也同樣認真跟隨師父。父母年紀大了，某天請濟公師父幫忙照顧兩兄弟，師父自然答應了。

「兄弟中的哥哥個性忠厚，弟弟比較懂得做事要轉彎、變巧，這天師父告訴他們：『今年你們好好種西瓜，種西瓜一定可以賺大錢。』

「弟弟心想：『雖然師父說的話一定要聽，但是我看今年的氣候不穩定，不適合種西瓜，我還是種玉米吧！』弟弟種了玉米之後果然賺了大錢。

「哥哥決定照著師父說的種了西瓜，結果那年賠了不少錢。

「第二年，濟公師父對兄弟兩人說：『哥哥啊，去年讓你種西瓜賠了不少錢，師父覺得過意不去，這樣吧，今年你去養魚吧！』

「弟弟心想，養魚的生意實在不好做，不是自己擅長的，還是繼續種玉米吧。

「哥哥還是不改初衷，照著師父的話去養了魚，結果那年夏天的高溫讓整池的魚都死光了，而弟弟種的玉米又讓他賺了不少錢。

「第三年，濟公師父說：『哎呀，師父一定要讓你們鹹魚翻身，今年你們去養蝦子，一定可以讓你們賺到錢的。』

「弟弟心裡想：『以今年的天氣來看比較適合種西瓜，我還是去種西瓜好了。』

「如果你們是哥哥，會是什麼樣的心情呢？」

經歷了連續三年的失敗，我們還能夠保有對濟公師父的相信嗎？哥哥這麼相信濟公師父，這次總應該要成功了吧。

師父說：「最後哥哥還是決定聽濟公師父的話去養了蝦，眼看蝦子一天天長大，終於可以賣個好價錢，沒想到就在收成前一週，整池的蝦子死光了，反倒是弟弟種的西瓜大豐收，賺到了更多的錢。

「此時，哥哥手上僅有的二百兩全用完了，還欠了二百兩的債務。弟弟對哥哥說：『哥哥啊，因為我一直沒有孩子，不如你把孩子過繼給我，我就幫忙償還你的這筆債務。』哥哥迫於無奈，為了解決債務只好答應了弟弟。

「大哥的老婆終於忍不住抱怨了：『你這三年為了相信濟公師父，把所有的家產都賠下去了，現在連孩子也沒有了，你還要這麼下去嗎？如果再這麼下去我們就離婚吧！』話說完便回娘家去了。

「大哥無奈地問自己：『為什麼從小看著父母跟隨濟公師父總

是一帆風順，而我卻一事無成，做什麼就賠什麼，這究竟是為什麼呢？』

「萬念俱灰之下，他一人走到海邊堤岸，想著自己是不是要放棄這段人生，當他正準備往下一跳時，濟公師父出現了。

「濟公師父喊道：『等一等，別急著跳海，你身上那塊古玉先送給師父再跳也不遲啊！』

「『什麼？濟公師父居然不是來勸我，反而還要討我身上這塊古玉？』哥哥一把火上心頭，轉身就氣噗噗要找濟公師父理論。

「其實濟公師父是故意的，見到哥哥回心轉意，這才安慰哥哥說：『孩子，不要氣餒，師父這句話其實是在提醒你，你不是一無所有，你還有一塊古玉，你仍然有努力的本錢，來年好好努力打拚，你還是有機會成功的。』

「師父問你們，如果你是這位哥哥，還會願意相信濟公師父的話嗎？」

誠心相信濟公師父的意義在哪裡呢？信仰的目的究竟是什麼呢？

思考自己

師父繼續說：「哥哥終於還是選擇聽從濟公師父的話，繼續打拚下去。

「回家路上，哥哥想著『既然已經到了這步田地，我也沒有什麼可以損失了，就重新開始吧！我到底為什麼會失敗呢？』就是問自己的這句話讓他開始了思考。

　　「從那天開始，他不斷思考當初為什麼會失敗，他不斷嘗試，也不斷調整、改變自己做事的方法。兩年後，某天他忽然想通了，『那年師父要我種西瓜，我為了方便灌溉，把西瓜種在河邊，結果一場颱風把西瓜全淹了。如果我選個好地點，離河岸遠一點，那年就不用擔心淹水，當然就賺得到錢啊！』這麼想著，就向父母借了一百兩，找了個適當的地方重新種植西瓜，果然那年讓他賺了二百兩。

　　「哥哥繼續思考養魚失敗的原因，他去請教了養魚的前輩們，原來養魚這行是需要專業技術和工夫的，一年四季如何因應不同的氣候、如何控制水溫、如何控制餌料的餵養與投藥才能把水質照顧好，又要如何行銷才能讓魚產的利潤加倍成長，有了足夠的知識和經驗，他把前一年賺的錢拿來養魚，結果魚產大賣，這次賺了一千兩。

　　「接下來，哥哥又去研究蝦子的養殖方法，他不斷想著為什麼當年收成的前一週，突然整池的蝦子都死光光，百思不解之時濟公師父又來了。

　　「濟公師父只留下了一句話：『人能夠活著就是靠一口氣啊！』

　　「『一口氣？人活著要一口氣？這跟養蝦子有關係嗎？』哥哥反覆琢磨師父的這句話，他想了又想：『啊，我明白了，蝦子會死光或許是因為養大了，會消耗水中更多的氧氣，就是因為少了一口氣，氧氣不足才導致蝦子死光光。』

　　「於是他想了個方法，在蝦子長到一定的程度之後，就把牠

們分成兩個水池蓄養，這樣還可以多養十五天再收成，養出來的蝦子比別人的更大隻、更肥美，價格也更好，這一年養蝦的事業讓他賺了三千兩。

「哥哥這時終於茅塞頓開，他明白了一點，原來濟公師父指點的只是努力的方向，做事的方法細節還要自己在經驗中思考、調整。

「人不能只是傻傻做，不能以為有神明保佑就一定會成功，更重要的是不斷找尋方法，累積經驗與實力，有了實力才能隨機應變，才能掌握自己的運與勢，不用再看天吃飯。」

這就是師父說的「燈塔之下無光點，燈塔之上也無天堂。」燈塔的作用只是指引前進的方向，它不會幫我們划船，這船還是要自己努力去划。

信仰也是如此，因為有了信心，所以明白只要順著指引的方向去做，人生就不會迷失；即使遭受痛苦，我們也知道那是學習經驗的必經過程，船要自己划，魚要自己打。不管是和尚造船的故事，或是兄弟兩人的故事，都在訴說不要把自己的成功失敗寄託在燈塔，我們想要追求的天堂其實在遠方的路上，不是在燈塔之上。

信仰本身沒有對錯好壞，問題總在於自己的心態是不是能明白動機，是不是能付出行動，付出心力去轉變自我的心態。真正的信仰是能夠啟動自己不斷付出行動、努力獲得改變的信仰，這就是正信。

聰明人，糊塗事

濟公師父說：「師父問你們，為什麼聰明的人不會永遠聰明，而笨的人也不會永遠笨呢？

「因為聰明的人一看到事情難做，就裝傻躲開了，所以永遠沒有機會學到經驗；而笨的人不知道要躲，他就能在事情中學會經驗，學會如何處理。

「就像弟弟聰明懂得取巧，但是心裡只有懷疑、懷疑、懷疑，習慣了懷疑別人的教導，習慣順著自己的習性，總是想尋找最快成功的路，所以無法在痛苦經驗之中磨鍊自己。

「弟弟在後來的這幾年載浮載沉，時機好就能多少賺一點錢，時機不好就賺不到錢，因為沒有足夠的實力，只能看老天爺的臉色吃飯。

「所以，凡事不想受苦，只想要找捷徑取巧的人，到後來還是要受苦，為什麼呢？

「聰明取巧的人沒有耐性按部就班做事，也不想從基本的工夫練起，他的心會因此無法安定，也會因此而受苦。因為他想要一飛沖天，只想用最少的力氣就得到比別人更多的成果，當他看著別人按部就班做事時，在他等待結果的這段時間裡就會自我折磨。

「『為什麼別人一定要一步一步做？萬一別人的收穫比我多怎麼辦？』

「『為什麼別人不像我這樣簡單做？我這麼做到底好不好？』

「『為什麼結果還沒有出來？何時才會成功？』

「他的心裡有著許多的為什麼，每天用這些問題折磨自己，

所以師父勸你們凡事要按部就班，不要折磨自己。」

多數的人習慣相信自己，越是聰明的人越是依賴自己。當一個人走入信仰，或許先要問問自己：「我為什麼要相信信仰，信仰為什麼能安定我的心呢？」有了答案之後才有下一步的動機。

下一個要問自己的是「我是不是應該放下自己的聰明，並且跟隨信仰的方向呢？」有了心中不懷疑的動機，才會有啟動自己改變的正信。

眼睛所看，耳朵所聽

師父繼續把故事說完：「哥哥的兒子受到弟弟照顧，這幾年他看著弟弟前幾年的懷疑、變巧賺了錢，但是後來又時好時壞，這個做兒子的心裡實在不明白到底應該怎麼做。

「後來，弟弟讓兒子回到了哥哥的身邊，原來當年弟弟其實是為了幫助哥哥，才要哥哥過繼兒子給他，這是弟弟當初的一片好意。

「兒子回到哥哥身邊後，他看到哥哥的堅持信仰，從早年的不知變通，到現在做事方法的改變，這孩子終於明白凡事仍要堅定自己的信仰、要踏實努力學習做事的訣竅，不能一成不變，才會成功。

「就像師父開始說的，眼睛所看、耳朵所聽都不一定為真，一個人要經歷過程才會真正的明白，故事中的哥哥雖然一開始因為堅持信仰，因為拜濟公而失敗，甚至把兒子也賣了，但是最後也因為濟公師父的開示，學會了自我啟動與變通，終於成為了當地的首富。

「故事到這裡講完了，有人也許會問，為什麼濟公師父一定要指點一條難走的路呢？但是當初濟公師父要哥哥種西瓜時，他有問方法嗎？他當時有實力把西瓜種好嗎？如果他有實力，只要一年就可以成功，但是一個人不經過痛苦經驗，怎麼能夠培養出實力，怎麼能夠成功呢？

「兄弟倆的父母過去真的都是一帆風順嗎？並不是，那是因為他們沒有看到父母年輕時失敗的過程和痛苦經驗。所以，不管拜什麼神明都要自己認真努力，要認真去看事情的頭尾，要看到別人為什麼成功，要看到別人如何在失敗之中學到經驗，一件事情想要成功，成功的條件永遠不會改變，一切的行動付出都要靠自己啟動，這就是濟公師父常說的『痛苦經驗』，這樣的成功方式與師父的祝福無關，因為那是他自己的努力感受，因為那是他自己的啟動啊！」

所謂信仰，不僅僅是求神拜佛，改變人生的路途沒有捷徑，只有自己不斷做起、不斷學習調整，這條路或許辛苦，但是依賴自己、成長自己的感受，會為自己帶來更加安定的感受。

愚信與正信

坐在師父面前的信者聽到這裡，問：「請問師父，我兒子的工作遇到了問題要怎麼解決？要怎麼做才能遇到貴人？」

師父說：「你們當然需要貴人，但什麼是貴人？你的父母、你的信仰都是你的貴人，但是有一個人不是你的貴人，那就是自己。你需要找到一個可以教導你、值得信任的人或是信仰。

「對於信仰，不要愚信，什麼叫做愚信？愚信就像是故事裡的哥哥，雖然相信卻只想照自己的方法做事，他一開始不知道學習變通，不懂得改變方法，不知道問題出在自己的身上，而不在別人身上。

「真正的信仰是學著在自己身上找問題，在自己的心裡找問題，而不是往外面去找問題。所以，師父不談因果與祭改，只談道理，天下萬物不管怎麼改變，只有道理不會改變，師父的教導不會改變，你們如果想要在道理中追求成就，就要靠自己的努力。

「所謂『迷信之間、難過自在之間，都在一線之間』。一個人是迷信還是正信，決定了他是難過或是自在，這一線之間的差別，就是師父常常在講的『道理』，這一切都要靠自己啟動。

「人在信仰中能夠得到什麼呢？你們想要得到什麼呢？是否想要就能得到呢？得不到時，如果可以自我滿足、懂得知足就沒有問題。但是如果心裡半信半疑，懷疑信仰為什麼沒有賜福給自己，那麼就無法快樂；因為心裡沒有道理，那就是盲目的信仰。

「你們跟著師父並不是盲目的信仰，為什麼？因為你們知道道理，知道如何把道理延伸到生活中，明白如何去做事。好比說，麵煮久了會不會爛呢？不一定，那要看麵條的質地，要看煮麵的時間長短，還要看爐火的火候，只有自己花時間練習、煮過幾遍之後才會明白，一切都是自己的啟動。」

心中有信，願意相信自己、依靠自己，願意啟動自己的行動

與改變，依循著自己學習的道理做起，甘願在痛苦經驗中成長，
這就是信仰之中的正信。

🎐 緣分與時機

前面的故事都講到了一個相同的觀念，人不是一時半刻就能改變，有時需要因緣的發展，需要等待時機成熟。和尚如果懂得等到老虎沒有力量反抗了再去救牠，自己就不會失去那一支胳臂。那位哥哥在受盡了磨難之後，終於不再聽天由命，終於甘願思考自己能力的不足，而在濟公師父的緣分之下，找到了自我的改變。我們也許知道自己的問題在哪裡，也許不知道，但是何時能夠改變，何時能夠解去問題呢？要如何牽起自己的緣分呢？

氣味禪師濟公廟

師父說：「以前有個富翁的兒子整天只知道玩，一直玩到了十七、八歲，長得是相貌堂堂，英俊得不得了。某天他在街上遇到了濟公師父，師父告訴他『最近這段時間最好少去樹林，雖然在樹林裡會讓你覺得很舒服，但是如果看到奇怪的閃光，就要記得趕快逃走。』

「少年只覺得這和尚穿得破破爛爛的，看起來不怎麼起眼，對於濟公師父說的話只是隨便聽聽就走了。

「你們覺得這少年會把師父的話聽進去嗎？如果是你們，你們會聽得進去嗎？」

當人們生活一切順風順水時，聽得進別人的忠告嗎？如果給我們忠告的人看起來不起眼，我們有這個肚量接受他的意見嗎？

我們會不會因人而廢言呢？

　　師父說：「某天，這少年來到一個地方，覺得真是漂亮啊！環境、樣貌就跟濟公師父說得一模一樣，而且這時真有個閃亮的亮光出現了，雖然濟公師父曾經提醒他要趕快離開，他還是沒走，只覺得這亮光好漂亮，一直盯著光線看，看到人都傻了，後來就倒下睡著了。

　　「此時，有隻妖怪化身的蟲子出現了，牠直接往少年的肚子裡鑽了進去，說著：『我要住在這個人的身體裡，讓我觀察這個人究竟是個好人還是壞人。』

　　「不久，少年醒來了，他沒有什麼特別的感覺就這麼回家去了；時間一年、兩年、三年、四年、五年過去了，少年的身體越來越瘦弱，為什麼呢？因為蟲子在他的肚子裡，把他的養分都吃掉了，蟲子越來越大隻，吃掉的養分也越來越多。

　　「富翁就這麼一個獨子，看著兒子越來越瘦、身體越來越差，終於決定找醫生來幫他看病，診斷後醫生對少年說：『沒辦法了，照我看來你大概只剩下半年的壽命了。』

　　「少年聽了非常難過，心想既然如此，為了不替家人帶來困擾，不如離開家，就不告而別吧！於是趁著半夜時分，家人都在熟睡，獨自離開了家，一時之間也不知道要往哪裡去，於是又走進了樹林。

　　「來到樹林，竟然再次看到那個閃亮的光線，同樣的情形再次發生，少年又昏睡了過去，當初鑽進少年身體的那隻小蟲子，現在變成好大一隻，蟲子這時探頭出來想要呼吸一下新鮮空氣。

沒想到濟公師父竟然出現了。濟公師父說：『你躲在這少年的身體裡也五年了，感覺如何？』

「蟲子很生氣的說：『你這個乞丐和尚不要來妨礙我的好事，我這是要度化他，度他成仙。』

「濟公師父反問蟲子：『度他成仙？這樣下去，你會害死一條人命，勸你早日收手，不然師父早晚要把你給收服。』

「蟲子一臉不屑，用輕蔑的口氣說：『你這和尚哪有能力收服我呢？你根本不知道收服我的方法啊，哈哈哈。』

「濟公師父說：『雖然師父現在沒有能力，總有一天會有人能夠收服你的。』

「蟲子不想理會濟公師父，就再次躲回少年的肚子裡去了。

「少年醒來了，仍然什麼事也不知道，想到自己剩下半年的壽命，就漫無目的繼續走著。有天他來到一個小鎮，遇到了一位可愛的姑娘，姑娘家裡有年長的父母，全家都要靠她賣菜、賣花養活家人，聽說了姑娘的故事後，少年相當同情，於是決定幫助她，便拿錢買下了女孩所有的菜，再把買來的菜都轉送給孤兒院，以及廟裡的和尚。就這樣，連著十四天少年都向姑娘買菜、轉送別人，兩人也變成了無話不談的好朋友。

「到了第十五天，這姑娘覺得奇怪，『這少年今天怎麼沒有出現呢？他去哪裡了呢？』

「這姑娘會不會去尋找少年呢？」

少年的善念讓他結識了這位姑娘，更付出了善行，這個善念也讓他的故事有了轉機。

　　師父說：「賣菜的姑娘決定去探望少年，她四處尋找著少年，無意中走入了一處濃霧，看到了一個奇怪的景象。

　　「她看見瘦弱的少年倒在地上，身上有一尾蟲，大得就像一條蛇，這條蟲正對著天上說話：『再過幾個月，我就可以回去交差了。』

　　「天上有個聲音回答：『接下來幾個月，你要注意啊！如果有人拿雄黃酒，加上甘草和菊花來對付你，你就會一敗塗地了，千萬要注意啊！』

　　「蟲子說：『這件事又沒有人知道，我怎麼可能會失敗呢？』

　　「蟲子卻不知道這段話全被這姑娘聽到了，在一陣茫茫渺渺之中，這陣霧消失不見了，蟲子這時又鑽回少年的肚子，少年的肚子再次鼓脹了起來。

　　「一個人如果瘦但是肚子卻像大鼓一樣，這叫做什麼呢？這就是營養不良的症狀。這個時候濟公師父竟然也在一旁看著，濟公師父對姑娘說：『你聽到蟲子說的話了吧，雄黃酒、甘草和菊花，只有這三項物品可以救這個少年，你要不要救他呢？如果你有心要救這個少年，就要先帶這少年去一間廟，那就是濟公廟。』

　　「姑娘卻是一臉懷疑地說：『我們村子裡有濟公廟嗎？』

　　「『有！你去找就會找到了，趕快去找吧！』

　　「姑娘在村子裡住十幾年了，卻從來不知道有這麼一間濟公廟，她要上哪裡找呢？師父問你們，濟公廟要從哪裡來呢？」

　　故事說到一半，師父問了問大家，大家七嘴八舌討論了起來。

師父說：「當然要靠這位乞丐和尚啊。」

師父神祕地笑了笑，繼續說：「這個時候，姑娘就帶著少年四處走，一直在找濟公廟，走了兩、三個小時，從村頭走到村尾，走著走著，姑娘忽然喊著『哎呀，這間臭氣沖天的茅廁，牆上竟然寫了『濟公廟』三個大字，這間臭得要命的茅廁怎麼會是廟呢？』

「哈哈！這是濟公師父自己寫上去的，你們可有聽過茅廁濟公廟嗎？」

難以捉摸的故事情節發展出乎我們的意料，大家笑聲不斷。

師父接著說：「這時姑娘覺得奇怪，原本一間茅廁怎麼會變成濟公廟呢？真是奇怪啊！但是救人要緊，也沒時間想那麼多了。於是姑娘把少年帶進了茅廁，她對少年說：『你在這裡等等，我先去準備一些東西，馬上回來，千萬別離開啊！』姑娘就走了。

「過了一會兒，少年身體裡的蟲子因為受不了茅廁的尿騷味，探了頭出來喘氣，牠就快受不了這個味道了，在牠大口喘氣的時候，姑娘帶著加了甘草和菊花的雄黃酒回來了。

「姑娘一進到茅廁，看見了大蟲張口喘氣的樣子，趁大蟲頭暈腦脹一個不注意悄悄走近，一古腦把雄黃酒倒進蟲子的嘴裡。這調理過的雄黃酒果然是蟲子的剋星，眼看這隻蟲子開始縮水、越變越小，縮回了少年的肚子裡，姑娘繼續對少年灌了幾口酒，少年一陣噁心就把蟲子給吐了出來，蟲子變得小小一隻，在地上抽動著。

「這時濟公師父忽然出現了，眼明手快地把蟲子給抓了起來，

隨手把蟲子放在一片樹葉上，念起了咒，經過一時三刻總算把這蟲子給度化成仙了。

「接下來，少年總算是清醒了過來，姑娘也在一旁貼心地照顧著。

「濟公師父說：『你的病已經全好了，往後的日子，你要和這姑娘好好一起努力，這間茅廁日後會有很多人來。』」

「為什麼茅廁會有很多人來？」門生忍不住笑著問。

師父大笑說：「因為這裡是茅廁濟公廟啊，牆上寫了濟公廟，日後這間茅廁真的變成了濟公廟，來拜拜的人是越來越多，少年和姑娘就來到這裡照顧這間濟公廟。

「日子久了，少年的身體漸漸恢復健康，在少年的幫助之下，姑娘賣菜的生意也越做越好，最後兩人成親了，少年的父母也找到了他們，一家團圓，是不是很幸福呢？

「少年的父親因為感恩濟公師父的照顧，就把茅廁打掉，重新興建了一間真正的濟公廟，所以當地的人們都怎麼稱呼這間濟公廟呢？就叫做『氣味禪師濟公廟』，哈哈，故事就說到這裡了。」

為什麼一間臭氣沖天的茅廁可以當做廟呢？這個問題就像是穿得破破爛爛、身上又有臭味的濟公師父，為什麼可以開導人心呢？如果不是茅廁的臭氣也無法逼出那隻大蟲，我們要明白的是動機，只要問題能夠解決，又何必在意這間廟的外貌，何必在意世俗的眼光呢？何必在意給建議的人是平凡或是高貴呢？

　　這就像是我們學習的道理，道理是為了點化人心，只要能夠讓人有所改變、有所體悟，那都是值得學習的，不要因為分享道理的人不同而有所分別。

　　故事雖然說完了，但是師父的教導才剛剛要開始。

經濟、養生、道德

　　師父說：「故事就是如此簡單，但是裡面的道理是不是很深奧？蟲子躲在別人肚子裡也不是要害人，是想要度化這個少年，問題是牠會傷害到少年的生命，所以在肉體與靈體之間總是會傷害到一個，這就是魚與熊掌無法兼得。

　　「如果說到一個人要修道德，他一定要有經濟，沒有經濟又要如何修呢？這個故事說的就是經濟、養生、道德。像是少年家裡雖然有錢，但是沒有修道德，也沒有健康的身體可以花用。而賣菜的姑娘雖然生活辛苦，但是她有道德。這蟲子懂得寄生在別人身上養生，卻沒有道德，也沒有經濟。因此這個故事說的是在我們的修行之中，經濟、養生、道德這三法要能夠合一，然後才能修得圓滿。像是少年因為對姑娘的善念，用他的經濟行善之後就有了道德，這才得到了養生，才能夠恢復身體健康，所以修得圓滿。明白故事的深奧之處了嗎？

　　「這個時候，你們就要懂得思考，思考自己的動機在哪裡，無論做什麼事都要抱著一顆快樂心，想想自己要不要追求經濟？要不要追求養生？要不要追求道德呢？工作忙碌時要如何注意自己的養生，又要修自己的道德呢？這就是你們需要思考的問

題了。」

明白動機才能夠甘願追求，承受痛苦經驗才能夠克服自己的情緒，不受情緒的左右。經濟、養生、道德，三者缺一不可，這也是濟公道裡的三大根本。

蟲子人人有

濟公師父說：「故事裡，當濟公師父說要收服這隻蟲子的時候，蟲子卻說那是不可能的，為什麼？因為如果你要收服牠，牠會縮回少年的肚子裡，你總不能拿刀子剖開少年的肚子抓蟲，那麼這個少年就要沒命了。

「每個人心裡都有一隻蟲子。蟲子是什麼？就是你們的貪念。蟲子是什麼？就是你們的情緒。蟲子是什麼？就是你們的思想。為了要讓人生變得更好，你們想要改變這隻蟲子，但是你們有辦法改變牠嗎？師父有辦法幫你們把蟲子抓出來嗎？當然不行，得要等牠自己願意出來。

「故事裡的蟲子後來是怎麼被收服的呢？師父問你們，這個少年自己有沒有做善事呢？」

「有啊，他有幫助賣菜的姑娘。」

師父說：「師父再問你們，少年為什麼要幫助姑娘呢？」

「因為他知道自己剩下的日子不多了。」

師父點點頭說：「是啊，少年因為買了姑娘的菜，送給孤兒院、和尚，這有沒有功德呢？當然有。就是因為這樣的緣分，這個姑娘才會救他，這便是師父說的『功過相抵』。這與『因果』

不同，因果指的是原本會發生的事，而『功過相抵』是因為你願意做，因為你的一個善念，你做的事情會讓原來的緣分改變、因緣改變。這個少年有沒有行善？這位姑娘有沒有為少年努力做事？就是因為他們願意做，所以他們原來的人生都能有所改變。無意之中做的善事可以為自己帶來好的改變，明白嗎？」

蟲子就像是我們的習性，抓也抓不到，看也看不見，師父並不能為我們除去它，只有靠我們自己，需要自己自然無心地給，給而無所求就是自然的善念。

師父說：「故事裡的濟公師父又扮演了什麼角色呢？為什麼在少年最困難的時刻卻不能出手相救呢？濟公師父知道雄黃酒加上甘草、菊花這帖藥方後，為什麼不直接把藥方給少年吃，卻要讓姑娘花費這麼大一番工夫呢？

「因為如果不把少年帶到茅房濟公廟，不用臭氣去薰這蟲子，蟲子不會探出頭，也只有等牠探出頭來，姑娘才能灌牠酒，少年才能得救，這就叫做『時機』。

「好的『時機』需要有『貴人』指引，而『貴人』也要有明師的教導，這就是故事其中的意義。這故事裡有的就是因果、功過相抵，為什麼師父要教導你們功過相抵，為什麼師父總要說經濟、養生、道德呢？如果沒有好的身體、沒有常常行善，要怎麼創造好的時機去創造你們的人生呢？所以人要懂得行善，才能為自己帶來好的時機。」

故事這樣巧妙的時機安排並不是人能夠辦到的，那是強求不來的，「善有善報，不是不報，時候未到」，這裡的「時候」就是

師父說的「時機」，要如何創造「時機」，就要靠自己的參悟與做起。

追求經濟、獲得養生，然後行道德，每天的給無所求，把善行當做每天的日常。

給時間：給別人一點表達自我的時間，付出時間給自己注重的人們，也包括自己，給自己時間安靜、思考。

給觀念：給自己新的學習，新的觀念，也把這樣的觀念分享給別人，一個新的觀念就是一個改變的機會。

給用心：用心做每件事，做到別人能有所感受，明白我們的用心。

無所求地給，轉變的時機自然就會到來，不需要擔心蟲子的存在，只要每天習慣做起，改變的緣分自然就會到來。

看清現實，回歸自然

師父說：「人在世間要明白什麼是現實，就像是人情世故應該要如何面對，像是世事結果發展得如意與不如意。我們做人如果不知道如何面對現實，又要如何掌握未來呢？所以，做人要明白什麼是現實，要知道如何看清事實。

「有時事實擺在眼前，自己卻看不清楚，為什麼呢？因為會被自己心裡的感受牽引，所以你們一定要明白什麼是『牽心』的痛苦，就像是那一隻馬和一隻驢的故事。」

馬與驢之故事（一）

「有匹自小就受到主人疼愛的馬，因為是高等馬，出門只負責載送主人，從來不負責載送任何貨物、物品。

「至於另一匹驢子，每天出門都是負責載送貨物、糧食、木柴等等沉重的物品，總是非常辛苦地工作著。

「某天，驢子對馬說：『馬兄啊，有空的時候你也幫我分攤一下貨物，這些貨物實在太重了，我的年紀大了，快要扛不動了，可以幫幫我嗎？』

「你們想想，這匹馬會願意嗎？

「這匹馬說：『我的身分這麼高貴，一身傲氣，怎麼可能幫你這平凡的驢子載送貨物呢？』

「就這樣，這匹驢子繼續日夜操勞，直到有一天主人帶著驢子和馬一同出門，走到一半驢子忽然心臟病發死了，因為牠實

在是太過辛勞了。這個時候要怎麼辦呢？主人只好把貨車掛到馬的身上，驢子的屍體也放在貨車上，所有的貨物連同驢子都得要由馬獨自拉回家去。此時這匹高貴的馬感到心靈受創，因為要牠載貨也就算了，居然連驢子也要牠載送。

「有了這次經驗，主人才發現原來這匹馬如此好用，除了載送貨物之外，馬還有能力多載一匹驢子的重量，於是讓馬接替了原來驢子的工作。

「不久，主人又買了另一匹馬，而且是更加高貴的駿馬，這匹駿馬出門只負責載送主人，在駿馬眼中原來的那匹馬就像過去的驢子一樣平凡。

「舊馬心裡忍不住嘆息：『一個人再怎麼高貴，也比不過現實，一個人再怎麼傲氣，也比不過環境。』

「一個人心裡如果有傲氣，他將永遠得不到滿足，因為最後總要屈服於現實與環境。人一定要放下自己的傲氣，看清楚環境和現實才是最重要的。」

高貴比不過現實，傲氣比不過環境。

除了比不過的無奈，這段話也點出了重點：高貴、傲氣都是比較出來的。馬載人、驢載貨，主人怎麼安排都是自然的，沒有了驢子，馬自然是要做得更多。試著站在主人的角度看事情，工作的分配是為了主人的方便，是為了要幫主人解決問題，而不是為了突顯自己的優越感，認識了這個現實，心裡就沒有情緒，不會有傲氣。

馬與驢之故事（二）

「接下來是另一個故事，同樣是講高貴的馬與平凡的驢。

「這匹高貴的馬認為凡是主人交代的任務，牠一定能夠『使命必達』。某天，馬和驢子一起載送物品出門，馬負責載送的是主人的財物，有元寶、銀兩，至於驢子載送的，則是食物雜糧。

「你們認為自己是驢子還是馬呢？

「這匹馬高貴不凡，牠和驢子一起走著，驢子說：『哎呀，馬兄啊，你每次都載送比較貴重的物品，真是不簡單啊！』

「馬兒回答：『這就是主人給我的任務，高貴且神聖的任務，我一定要完成，使命必達。』

「你們是不是有些人也這麼想呢？老闆交代的事情一定要使命必達。

「此時驢子與馬來到荒郊野外遇上了一群惡霸，惡霸看上了馬載送的財物，想要把馬身上的馬車留下來，他們拿著刀子想要割斷綁在馬身上的繩子。

「馬說：『我是如此高貴，一定使命必達，絕對不會讓人搶走我的貨物。』所以這匹馬不斷頑強抵抗。

「至於驢子呢？牠看到惡霸這麼凶惡，選擇立刻逃走，反正平時和馬也沒有什麼交情。

「原本惡霸只想要財物，問題是這匹馬不斷掙扎抵抗，就這樣在掙扎的過程中，土匪的刀子把馬割得遍體麟傷，最後傷勢過重只能眼看著土匪把貨物搶走，自己也只能倒下等死。臨死前，牠喃喃說道：『就算賠上這條命，我也要使命必達。』

「最後，只有驢子平安載著糧食回到主人身邊，所以你們要選擇驢子的做法，還是要選擇使命必達的堅持呢？

「一個使命必達的想法卻不懂得變巧，不會變通最後讓自己走入了絕路，所以，你們還要堅持自己使命必達嗎？」

接受現實

門生問：「請問師父，馬有時會覺得驢子很不認真工作，那麼馬要怎麼辦呢？」

師父搖搖頭說：「所謂的現實並不是馬以為的這樣。驢子只是在做份內的事，牠總是在扛重物嘛，但是馬卻會被自己的自傲、高貴牽引，產生了對驢子的不滿。所以你們要思考馬和驢子的感受。

「在馬和驢子之間，有許多人在當驢子，有些人喜歡當馬而且不願意幫助驢子，就像在公司裡，有些人升了職就開始分別，這件事不該我做，因為『我高貴』的想法已經產生。這就是為什麼馬的高貴會讓牠有了傲氣的心態，這個時候就要修『放棄』的功課。

「當別人的形勢比我們強，當別人要我們手上的東西時，這匹馬能夠選擇放棄嗎？放棄，就是留得青山在，不怕沒柴燒。但是這匹馬堅持使命必達；如果牠選擇放棄，就會被自己的傲氣與優越感擊潰，因為牠做不到自己要的使命必達，傲氣讓牠看不見形勢比人強的現實。

「你們想想看，如果主人知道了這匹馬為了使命必達，而斷

送了生命，主人會怎麼說呢？

「主人會說為什麼這麼傻呢，錢再賺就有了，何必斷送性命呢？雖然認真是好事，也要認清現實，要懂得變巧啊！許多事情的好壞轉變都在自己的變巧之中。

「馬與驢交配會變成什麼呢？會生下騾子。騾子的能力更強，但是問題在於牠的脾氣、情緒更加固執。一個人的能力越強，就越要學習控制情緒和個性，如果懂得控制自己，他在事業上的打拚、努力將更加不一樣。

「學功夫，是為了把道理用在對付自己的個性，好改變別人對待我們的態度，但不是用來對付別人。」

我們要改變的不是別人，而是別人對待我們的態度，所以先要改變自己。自己的情緒與個性阻礙了我們的耳目，讓我們看不清楚、聽不明白，也讓我們變得不自然、總是與現實作對。克服情緒與個性是通往成功的重要關卡，要成為一匹不固執的騾子。

改變別人的態度

師父問：「如果你們是這匹馬，當驢子問可不可以幫忙分擔工作時，要怎麼回答？」

第一位門生回答：「你累了嗎？我們先到一旁休息喝個水。」

師父說：「這樣的回答沒有同理心。驢子想要得到馬的同理心，可是馬卻不懂牠的辛苦。」

第二位門生回答：「我會問他想不想要成為能者，能者多勞，

你比別人多做五件事，就會得到老闆的賞識。」

師父說：「哎呀，驢子聽了你這麼說會恨你一輩子。」

第三位門生回答：「我知道你很辛苦，可是我也很辛苦啊！我也有老闆交代的事要做，不然我們去找老闆商量，看看工作可以怎麼分配。」師父點點頭。

第四位門生回答：「好啊！不過這是主人交代的工作，如果主人答應，我一定幫你的忙，沒有問題。」

師父笑了笑說：「你們兩位的回答很接近師父的答案了，但是仍然不同，聽聽看師父怎麼回答。

「驢子問：『你能不能幫忙我分攤工作？』」

「師父會說：『我也需要「你」的幫忙。我需要你幫忙跟主人說一聲，目前我一切聽從主人的命令。』」

「你們兩人的回答雖然和師父的講法相似，但是講法會讓驢子心裡有怨；因為你們的回答就像人說的『黃鼠狼給雞拜年，不安好心』。但是師父的說法提醒了驢子動機『我也需要「你」的幫忙』。這個『你』很重要，一定要講出來，有了這個『你』在裡面，讓他擁有主導權，他的心態就會不一樣，不再有怨與恨，這是一字之差。這樣的應對就是你們要學習的。」

直接拒絕驢子，順著情緒走，當然是最容易的一條路；當心裡有傲氣情緒，看不起別人的時候，自然容易選擇這一條路。

因為有了動機，想要改變別人對待我們的態度，所以我們願意耐心地用心思考，琢磨如何應對，如何安撫人心，這就是挽人心的思想。

學習與模仿

「你們今天來跟師父學習，有沒有學到東西啊？

「你們知不知道，為什麼在馬戲團裡的猿猴要學習？學習是為了幫自己找到一條出路。為什麼馬戲團裡的猿猴要模仿？因為牠若不模仿，馬戲團老闆就不給飯吃；因為牠不模仿，就得不到眾人的目光和掌聲。所以學習模仿最開始的動機就是這麼來的，學習是為了生存，為了找到出路，模仿則是為了獎賞，為了讓自己有口飯吃。」

學習新的技能是為了讓自己有更多的工作機會，更有可能往上爬，或者是轉換新的跑道，又或者轉變做事的方法，提升自己的價值。

模仿別人做事的方法則是為了快速掌握工作的方法，用最有效的方式照著別人的方法做，盡快得到老闆的認同信任與讚賞。

師父說：「但是你們是猿猴嗎？當然不是，你們是人啊！你們來跟師父學習模仿，學習師父的肚量，模仿師父的智慧，才能幫助你們在生活中求生存，也得到老天的獎賞。學習、模仿，才能讓你們的心態改變。

「如同你們辛苦種的高麗菜被別人偷挖走了，看著別人田裡的高麗菜都用鐵絲網保護得好好的，不用擔心小偷，看到別人收成，自己會不會難過呢？

「其實不用難過，高麗菜再種就有了，人只要還有一口氣在，每天都要勇敢走出去，就像濟公師父一樣，雖然穿著破衣服，也是勇敢走出去。要是忘了穿褲子……我也是勇敢的走回房間

穿褲子。」眾人被這句話逗得哈哈大笑。

師父笑說：「所以一個人的勇敢，一定要出了門才需要勇敢嗎？一個人的堅強，一定要等到別人說我們才要堅強嗎？遇到不好的事才要讓自己堅強嗎？

「今天我們堅強自己，堅強的是我的理想，堅強的是我的白日夢，堅強未來要實現我的夢想，隨時都堅強。

「人在世上，堅強在何處？起床的時候要堅強；洗臉的時候也要堅強；上班的路上一樣要堅強；去到公司，堅強面對工作的困難，面對老闆的挑戰；回到家，堅強面對家人帶給你的問題，每件事都要堅強。

「你們如果明白自己要堅強就會懂得改變。改變什麼？改變你在人生的進攻與防守。就像你如果自己在外面吃大餐，你不會因為家人沒有吃到而感到愧疚，就像有時為了自己想要買的東西，明明有錢，應該要花的卻又捨不得花，這樣的思想都要試著改變，這樣人生才會有堅強的未來與堅強的自我。」

堅強並不是像一面盾，受到攻擊時才要拿出來抵抗。真正的堅強是時時都記得要堅強，不會有退縮、自責的情緒，記著自己的目標和夢想，踏出去的每個腳步都是堅強，堅定地做每個決定，堅定地說話與應對。用學習模仿來堅強自己，安定自己的心。

成為自己的領導者

師父說：「師父今天講馬和驢子的故事，是為了讓你們對人

213

的想法開始不一樣，試著讓自己的想法更簡單，而不要變得複雜。

「就像是驢子。什麼樣的人是驢子？驢子不想要學習模仿，牠既不想要靠學習開出一條路，也不想要透過模仿得到老闆青睞，牠只想要聽命行事，別人說什麼就做什麼，牠只是為了生計，只想要輕鬆過日子。

「不要認為驢子就是傻，驢子其實不想成為馬，但是要扛多少東西牠都會去扛，只是做得再久牠也還是如此而已，永遠是驢子心態。

「至於馬，牠會積極學習模仿，尋找新的出路，也渴望主人的青睞，如果牠能夠改變高貴傲氣，能夠擁有憐憫之心，擁有對人的愛心，愛心就等於耐心。

「做為一個領導者要學會認識身邊的人，他們的心態究竟是馬、驢子還是騾子，要學著提升自己；你們是主人的角色，然後你們對人對事的想法就會不一樣了。就像是有的孩子，好勝的個性讓他執著於做個模範生，什麼都要得第一，事事都使命必達，但是有時做不到就會有壓力、會對父母內疚，心情更是無法放鬆。

「認識了他的心態，就要明白怎麼引導他，教導他如何脫離自己設下的框框，教導他如何回到現實生活中的心態，回復一個自然的心情。

「如果你們能夠看懂自己的心態，也會知道如何引導自己、教導自己的學習與模仿，做自己的領導者。」

體會故事裡的驢子與馬、他們的立場與心情，融入他們的角

色感受，就能夠看懂自己與別人的心情，這就是同理心的開始，人與人之間不要有對立，也不要互相批評，試著找到不一樣的選擇，永遠都有更好的選擇。

🍐 濟公師父走酒店

濟公道的教導之中，講到奉獻與付出有個觀念特別重要，那就是：給，無所求。不是給金錢，而是給時間、給觀念、給用心。給了之後，才能體會到人與人之間不一樣的相處感受，不管是上司、部屬或是家人，都需要我們的給。

新的故事開始了。

一盤鵝肉的緣分

師父說：「濟公師父又開始繼續他的旅程，一直走啊走的，看到一間賣鵝肉的店，老闆阿樂正忙著切鵝肉，生意好得不得了。

「忽然來了一位美麗的姑娘，名字叫做阿嬌。阿樂看到阿嬌，心情非常高興，兩隻眼睛都亮了起來，馬上切了一盤鵝腿要給阿嬌，於是阿嬌與婢女兩人就坐下慢慢吃。阿樂站在一旁，用愛慕的眼神望著阿嬌，『哇！』讚嘆著阿嬌的美麗。

「濟公師父這時走了過來，說：『哎呀，老闆，你一直盯著這對姑娘看，兩隻眼睛都看直了。哇，你的鵝肉一定很好吃，也給師父切一盤嘗嘗味道，我想要吃鵝腿啊！』

「阿樂說：『師父，剩下的鵝肉、鵝腿沒法賣給你了，剩下的鵝肉都是這位姑娘要打包回去的。』

「濟公師父不高興地說：『我說老闆啊，你怎麼可以這樣，這麼好吃的鵝肉，我也想要吃啊！』

「阿樂說：『師父您有所不知，每個月我都在期待這一天，因

為明天我要去酒店，就為了和這位阿嬌姑娘相處一晚。我每個月認真賣鵝肉，就是為了存夠錢可以去見阿嬌姑娘，而且最讓我高興的事，是在見面的前一天，阿嬌姑娘都會來我這裡吃盤鵝肉，讓我知道明天就是見面的日子了，所以聖僧啊，我沒辦法給您吃鵝肉。』

「濟公師父說：『我偏偏就是要吃啦！你不給我吃鵝肉，我等一下要翻臉哦！』

「這時候，一旁的阿嬌說話了：『師父，您不嫌棄的話就和我們一起吃吧！』

「這位阿嬌姑娘真是美若天仙，濟公師父一看到就說：『哎呀，這位美麗的姑娘是打哪裡來的啊？』

「阿嬌默不作聲，阿樂幫忙回答說：『她可是我們全省最有名的酒店裡最好的紅牌，所以我每個月都要去見她一次。』

「濟公師父說：『既然姑娘請我吃這麼好吃的鵝肉，師父明天一定也要去交關姑娘的生意才行。』

「阿嬌聽了擔心地說：『師父，您是出家人，不適合來到我們那裡，我怕您會被別人說閒話啊！』

「濟公師父說：『說這什麼話啊，你請我吃一頓飯，我也還你一頓飯，這是天經地義的啊！那就謝謝你招待師父的鵝肉囉。』說完，濟公師父就唏哩呼嚕把剩下的鵝肉吃個精光。

「阿樂看傻了眼，說：『哦，師父！您也別這樣狼吞虎嚥，多少留一點給阿嬌姑娘，您怎麼把鵝肉都吃光了。』

「濟公師父才不理他，說：『我把鵝肉吃光關你什麼事，這可

是姑娘請我吃的喲。』

「阿嬤只是笑了笑說：『師父，那我們要先回去了。』

「濟公師父說：『姑娘，師父明天會去照顧你的生意哦！』

「阿樂急忙說：『師父，明天我已經包下阿嬤姑娘的時間了。』

「濟公師父說：『不然，我們一起去啊！』

「拗不過濟公師父的糾纏，阿樂勉強答應了師父的要求，就跟濟公師父約好隔天晚上七點在酒店門口見。

「這一段緣分是因為阿嬤無心奉獻一盤鵝肉開始，對於一位素未謀面的和尚，她的心裡當然是無所求。至於這個阿樂，心裡始終是有所追求，雖然名字叫做阿樂，但他最不快樂。」

酒店之內

「隔天，明明是約七點，阿樂居然六點就到了酒店，他心想『哼，開什麼玩笑，我等了一個月，存了那麼多錢就是為了今天，怎麼可能讓師父跟我一起進去。』

「阿樂很高興地準備進酒店，但是抬頭一看，濟公師父已經坐在門口等他了：『喂！阿樂，你終於來了，師父等你半天了。』

「阿樂無奈地問：『師父，我們不是約七點嗎？』

「濟公師父說：『咦？現在不就是七點嗎？哎呀，師父看錯時間了啦！』」

聽到這裡所有的人都笑翻了，濟公師父果然不簡單啊！

師父說：「沒辦法，阿樂只好帶著濟公師父一起進去，濟公師父進去後小聲對跟阿樂說：『阿樂，師父不曾來過這樣的地方，

哇！四、五十個漂亮的姑娘站在那裡，你看了都不會動心喔？』

「阿樂說：『當然不會，我只愛阿嬌姑娘一個。』

「『喂！樂董您來了啊！阿嬌姑娘已經準備好在等您了，一百兩銀子請先交給我吧！』有人招呼著阿樂，但一眼瞧見旁邊的濟公師父，那人說：『咦？這位師父，您走錯地方了吧！怎麼會來到這裡呢？』

「濟公師父說：『我是跟著樂董一起來的，樂董說要請我吃飯啊！』

「那人說：『哎呀，師父真是不簡單，竟然能夠來到這個地方。』於是就帶著兩人去見阿嬌姑娘。

「一見到阿嬌姑娘，濟公師父讚嘆說：『哇！阿嬌姑娘的模樣和昨晚完全不同。』阿嬌姑娘化了濃妝，衣服開衩開到腰邊了。」師父邊講，一邊比劃著衣服開衩的位置，旁人跟著笑著討論了起來。

師父說：「於是三個人走啊走，來到一個地方坐了下來，阿樂說：『今天真是快樂，每個月我就是期待著這一天啊！』

「阿嬌卻是語重心長地說：『阿樂，你應該把賺的錢存起來，別再這樣子花錢了，存了錢才能討個好老婆呀。』

「阿樂不以為然地說：『娶什麼老婆啊？我喜歡的人就是像你這樣的女子，偏偏就是娶不到啊！我每個月的希望就是等待著這天可以跟你聊聊，可以包你一個晚上。如果見不到你，我就不再有動力去賣鵝肉了。』

「濟公師父搖搖頭說：『原來你每個月都為了阿嬌姑娘花一百

兩銀子啊，真是不少錢！』

「阿樂於是陪著師父、阿媽一起吃飯、唱歌，非常快樂，但是一旁的人看到濟公師父開始指指點點：『哎呀，居然有和尚來酒店，阿媽姑娘居然也願意招待和尚。』這天起開始有流言傳了出去。

「快樂的一晚就要結束了，阿媽對濟公師父說：『師父，我想請您勸一下阿樂，不要再這樣花錢，讓他去找個好老婆，把我給忘了。我已經在這裡生活了兩、三年，這是條不歸路，我也沒有辦法啊！』

「濟公師父說：『好，這件事情就交給師父處理吧！但師父問你，你以後想不想過正常的日子？』

「你們覺得，阿媽姑娘會怎麼回答呢？

「其實，阿媽會留在這裡是為了解決經濟問題，所以沒有辦法離開，也沒有辦法放心跟著阿樂去過正常的生活。

「濟公師父答應了阿媽之後，這一夜就這麼結束了。」

五個夜晚的因緣

師父說：「隔天，阿樂照樣開店賣鵝肉，但是他的心情沒有先前快樂。

「濟公師父剛好上門來，喊道：『阿樂，昨晚你那麼快樂，怎麼今天變得悶悶不樂，有什麼事情嗎？』

「阿樂說：『沒有啦，想到還要再等一個月才能看到阿媽，心裡好難過啊！』

「想到阿嬤，阿樂的菜刀簡直沒有力氣再剁鵝肉了。跟他熟識的客人都知道，每個月的這五天鵝肉都不好吃。你們會不會也這樣呢？

「濟公師父勸他說：『我說阿樂，你也不要這樣垂頭喪氣的，想開一點。哎呀，說到昨晚真是快樂啊！像師父是從來不去酒店的人，昨晚跟著你去體驗之後，現在也想去找阿嬤姑娘聊聊天了。』

「沒有想到濟公師父真的去了酒店，把阿嬤姑娘接下來的五天都給包了下來，五百兩銀子直接拿了出來。哎呀，這個濟公師父真是有錢。

「你們說，濟公師父在酒店花這五百兩銀子，如果這筆錢拿來捐獻是不是更好？你們看這個濟公師父是不是不端正啊？有沒有人這麼想？以後你們還願意捐錢給廟裡嗎？」

的確，以一般人的眼光來看，是會因此批評濟公師父的，我們會不會這樣草率判斷一個人呢？

師父說：「阿樂聽到這件事，跑去問濟公師父：『師父你包了阿嬤姑娘五天喔？那我可不可以一起去啊？』

「濟公師父冷冷的一句『不行』，給阿樂潑了一盆冷水。阿樂的心裡更加鬱悶了。

「第一個晚上，濟公師父去見了阿嬤姑娘，結果濟公師父竟然是要阿嬤姑娘念經，阿嬤姑娘還真的照著濟公師父的意思，念了一整晚的經，畢竟拿了錢就是要照客人的意思去做啊！

「第二個晚上，濟公師父要阿嬤姑娘做什麼呢？要她串佛珠，

整整串了一百串。

「第三個晚上，濟公師父要阿嬌姑娘縫衣服。把師父的袈裟拿給阿嬌姑娘縫上補丁。阿嬌姑娘一邊縫還一邊說：『師父，您是多久沒有洗澡了？』

「這個時候風聲已經傳遍全省，大家都在談論眾人敬重的濟公師父，一個佛門中人竟然去酒店包酒女，還花了五百兩銀子包了五天，這就是西湖靈隱寺受人尊敬的濟公活佛嗎？

「如果是你們聽到這樣的事會怎麼想呢？

「『好可惡！以後我不要捐錢給這間廟了，這個師父一定是假的，居然做這種事情。』如果是你們，會不會這樣想呢？一定都會吧。

「到了第四天，濟公師父要阿嬌把心事原原本本說給師父聽，就這樣說了一整夜。

「這時，濟公師父在酒店已經待了四天，每天都在花天酒地的場所待著，風聲越傳越遠了，越傳越難聽。阿樂也聽到了風聲，他一邊切著鵝肉，越切是越生氣，他說：『哼，一個和尚怎麼可能有這麼多錢，一定是拿信者捐獻的錢去花天酒地，以後絕對不要捐獻給這間廟了。』阿樂氣得要命，口裡不斷咒罵著濟公師父。阿樂，畢竟只是一個平凡人啊！

「第五天，濟公師父讓阿嬌唱歌給師父聽。」

因果，因緣

「阿樂為什麼會咒罵濟公師父呢？也不能說阿樂不對，其實

多數人遇到這個情況都會如此反應。大部分的時候，我們以為自己看到了，以為自己知道了，所以我們生氣了，我們罵人了，我們害怕了，我們退縮了，我們的心裡產生了種種的情緒。

「其實，我們就像古佛說的『不知道』。在別人身上發生的故事，我們原本就是不知道的；即使最親密的人，我們也是不知道的。

「為什麼會急著要『知道』呢？為什麼急著認定對錯呢？或許是迫不及待的急著要看到結果，擔心事情不如自己的預期，我們想要控制這個結果。或許，就是情緒在作怪，心裡長久積壓的情緒需要出口，在公司被老闆罵了，受到同事欺負了，想要的東西得不到。

「這顆心想要找到別人的『錯誤』，一個適合指責、發怒的錯誤，用來發洩不滿，所以咒罵、批評，也因此失去了『修口』，失掉了自己的福德，更造就了後續的惡果，這才是這一世真實可見的因果，不需要談前世。

「不要執著『我』看到的對錯，不要放大別人的過失，世事沒有絕對的對與錯，對和錯都是『我』的比較、計較得到的。因此，濟公師父總是教導我們要樂心、要重新開始遊戲、要忘記過去，把過往的情緒歸零、讓心中過往的怨恨止息，讓因果遠離。

「其實，在天地萬物的運行規律裡，並沒有什麼對錯是非的看法，也沒有善惡因果，太陽升起落下從來沒有為了誰好誰壞而改變。所謂的善惡、因果只存在人心，只存在『我』的身上，那就是『我執』。所以，天地無我、濟公道裡也無我。

「然而，天地萬物的運行規律之中卻有一個『因緣』，鳥兒吃了果實，自然地種子會被牠帶去遠方，只要因緣成熟就有機會長成新的大樹，結出新的果實，萬物就是在因緣中生生不息、生機盎然。

「因緣何時會成熟？由天決定。我們要做的只需要明白動機，自然的多造善緣，耐心等待機緣的成熟，一切就是自然的等待。

「給而無所求。給人一個笑容，給人一句好話，給人一個鼓勵，給人一個擁抱。雖然我們不知道這麼做有什麼好處，但就像吃飯睡覺一樣自然地給，不需要求什麼好處。做了，自然就會知道；相信，自然就會看見；看見的是『給無所求』的快樂感受，這種快樂是別人拿不走的，是自己發光發亮的快樂。

「要願意相信因緣，願意用一個『給』廣結善緣。就算此刻不如人意，未來還可能有所改變，還可以付出努力，讓事情可以轉變，就像故事裡的濟公師父上了酒店，招致了眾人批評，但是後面的因緣自然會被看見、也會改變。這就是功過相抵的因緣觀。不害怕有過，因為我們知道將功抵過；不擔心人言可畏，因為我們的動機明確。

「濟公道裡談的不是因果，而是因緣。我們用學習模仿，改變心裡的內緣，轉變邏輯與思維，鼓起熱情、耐心與樂心，開口就能廣結善緣。我們用奉獻付出改變自己的外緣，我們感恩公司、家庭，感恩世上的一切，甘願為天地付出；累積自己的福德，讓神佛有機會藉我們的福德，推我們一把。

「如果別人用心對待，我們會不會對他好？我會不會珍惜這

樣的人呢？當然會啊！如果用心為別人付出、為神佛付出，神佛會不會疼惜我們呢？當然會啊！在家庭、在公司都是相同的道理。

「給，無所求，是我們要相信而且努力去做的事，就算眼前的路坎坎坷坷，就算身上的衣服處處補丁，我們也能像濟公師父一樣笑看人間。因為相信因緣，因為我們已經知道如何等待因緣。困在因果中的阿樂，接下來要如何在阿嬌姑娘創造的因緣之中轉變呢？」

阿嬌的點醒

師父說：「話說另一邊，阿嬌姑娘正在唱歌給師父聽。

「阿嬌說：『師父，您花這麼一大筆錢在我身上，這麼做有什麼意義呢？』

「濟公師父說：『這五天之中，你想想看，最後這一天我讓你唱歌，你有沒有感覺到快樂呢？你是不是明白了受人尊重的感覺是什麼？

「回想一下，第三天你一針一線縫了衣服，這本來就是一般民家婦女要做的事。

「第二晚你串了佛珠，這是為了讓你明白，所謂的緣分就像佛珠一樣，每件事情的因緣都要靠人去串連，你做好這一百串的佛珠，師父準備要拿去賣啊！』

「如果濟公師父拿佛珠出來賣，你們會不會買啊？風聲已經傳成這個樣子了，當然不會有人買，於是濟公師父把佛珠暫時

收了起來。但是，這一粒粒珠子就是需要你們的串連，如果不懂得如何串連，你們的人生哪裡找得到意義呢？」

人與人之間，一句話、一個笑容、一個想法的不同，就能帶來因緣的改變，改變人與人之間的連結。如同師父教導一個門生，改變了一個門生，門生也會改變了他的家人、同事。濟公師父的動機就是教導，一個動機串連了許多人，我們又要帶著什麼動機、又要如何串連自己的人生呢？

師父說：「再說到第一晚，濟公師父要阿嫣念經，又是為什麼呢？念經是為了讓她心情安定，安定之後才有下一步。就像是你們來到廟裡，卻常常不明白自己的心情在哪裡，不明白自己為什麼要來到這裡。有人說是為了經濟，為了神佛保佑。如果只是為了生意賺大錢，這樣的心情感受在哪裡？你們知道要讓自己重新開始嗎？人們往往不知道要有開創自我的動機，那是因為他們已經放棄了自己。

「在濟公師父這一晚的談話之後，阿嫣姑娘十天不再接客，閉門深思。」

人們容易在不知不覺之中，放棄了自己改變的機會。

「老闆好凶喔！我沒有辦法跟他說話，不要被罵就偷笑了，我還是躲遠一點好了。」

「罷了，升官不是我的命，只要不抱著希望就不會失望。」

「我這孩子個性太倔強了，講他還會跟我鬧脾氣，算了，還是別說了。」

「我那另一半總是堅持自己的意見，他的那些習性實在教我

看不下去，我還是睜一隻眼閉一隻眼。」

　　因為覺得別人無法溝通，所以放棄了學習溝通的機會，放棄了改變自己的可能性。因為困難重重、不知道如何是好，所以接受了算命仙時運不濟、流年不利的講法，接受了前世因果、犯小人的說法，放棄了改變命運的機會，只想要追求神佛的加持、庇佑。來到廟裡的第一件事就要安定心情，拾回那些曾經被我們放棄的動機。

一百隻鵝

　　「這一天，是阿嬌閉門的第十天。說到阿樂，他還在生濟公師父的氣。

　　「濟公師父特地上門來了，說：『阿樂，幫師父剁一隻鵝腿。』

　　「『沒有啦！』

　　「『那邊不是還有一隻嗎？』

　　「『跟你說沒有就是沒有！本店恕不招待上酒店的和尚，明明是和尚，不吃素還要吃葷，還要跟我搶女孩子。』阿樂心中的悶氣真是不吐不快。

　　「濟公師父只是笑一笑說：『阿樂，師父問你，你想不想要娶阿嬌姑娘啊？』

　　「『當然想啊！但是我就沒有錢是要怎麼娶。』阿樂沒好氣的說。

　　「濟公師父說：『師父告訴你，你去買一百隻鵝來，那師父就幫你娶到阿嬌姑娘。』

「如果你們是阿樂，會不會相信啊？

「這個阿樂說：『師父，你不要再騙我了。騙我對你有什麼好處？你的所作所為大家都看到了，要我怎麼相信你呢？』

「濟公師父說：『好吧，不要說師父騙你，師父這裡有二百兩給你，你去幫師父買一百隻鵝。』

「阿樂這才答應，反正不吃虧，他跑去找賣鵝的殺價買鵝，買了一百隻鵝，價格是一百八十兩，他還賺了二十兩，很高興地藏在口袋裡。

「鵝買回來了，阿樂說：『師父，我把鵝買回來了，一百隻。』

「濟公師父說：『阿樂啊，你如果想要娶阿嫣姑娘，你還要給師父二十兩銀子啊！』

「阿樂只好摸摸鼻子，把剩下的二十兩銀子交出來。

「濟公師父又說：『還有接下來的五天內，你都要跟著師父一起走。』

「雖然五天不能做生意，但是為了娶老婆，阿樂還是答應了。

「濟公師父說：『而且這一百隻鵝都要掛上師父的佛珠。』又特別補上一句：『這一百串佛珠可都是阿嫣姑娘親手串的。』

「一聽到是阿嫣姑娘親手串的佛珠，阿樂整個人振奮了起來，他把一串一串的佛珠拿來欣賞，彷彿還聞得到阿嫣姑娘身上的香味，這就是情人眼裡出西施啊！

「於是，濟公師父和阿樂趕著這一百隻鵝，一路搖啊晃啊，慢慢走到了酒店。

「來到酒店，阿嫣姑娘剛好站在門口，看到濟公師父遠遠走

過來，大聲喊道：『師父，經過這十天我終於想通了。從今天開始我決定跟著師父修行。』

「阿樂聽到阿嫣的話簡直昏了過去，說：『師父，你不是說要讓我娶阿嫣，現在她說要跟你修行，那我要怎麼辦？』

「濟公師父沒有理他，只是讓阿嫣姑娘跟上來，一起帶著一百隻鵝走啊走的，這隻隊伍好熱鬧，吸引了全村的人們來湊熱鬧。聽說阿嫣姑娘要跟隨濟公師父修行，村民都十分訝異。

「你們覺得阿嫣是欠了別人錢，還是為了賺錢，或是跟酒店有契約所以要留在那裡？其實她什麼牽絆都沒有，她也沒有賣身，只是單純為了賺錢。

「這個時候，濟公師父大聲說道：『各位鄉親父老，大家都聽到阿嫣姑娘說的話了，請大家做個見證，今天師父終於度化了阿嫣姑娘，讓她跟隨師父修行。』

「所有人都聽到了，他們對濟公師父的想法會不會改變呢？當然會。

「濟公師父接著細說那五天發生的一切事情：『這一百隻鵝脖子上的佛珠，都是阿嫣姑娘親手串成的，這一百隻鵝也要準備為阿嫣姑娘犧牲了，有誰願意買鵝呢？』

「話剛說完，就有一百個人馬上站了出來。這一百個人全部都是男的，因為那是阿嫣姑娘串的佛珠。

「濟公師父說，每隻鵝要二百兩銀子。二百兩銀子，好貴啊！雖然貴，但馬上全都賣出去了，因為其中有著許多不為人知的故事。」

　　師父常說功過相抵，但並不是什麼都不做，等著別人看懂我們的心意，而是自己要懂得開口。在每次的故事裡，濟公師父都會靠自己開口宣傳，把自己做的事說給別人聽，解除別人的誤會。濟公師父如果自己不說，又有誰會知道呢？如果濟公師父不開口，又有誰會買鵝呢？

　　要學會開口，要學會自我宣傳。

　　故事來到這裡，居然出現了一百個願意花二百兩買鵝的人，這又是怎麼一回事呢？

阿嫣的串聯

　　「原來，這一百個都是有錢人家的紈絝子弟，都是曾經在酒店與阿嫣姑娘來往過的人，他們的出現是因為阿嫣姑娘過去陪伴他們聊天，並且開導過他們。

　　「阿嫣是個有佛法基礎的人，讀過不少經書，後來學習佛法遇到了瓶頸，於是選擇放棄；正是因為這樣的基礎，她才能夠聽濟公師父的話念一整天的經書，並且完成一百串的佛珠，一個人如果從來沒做過家事，有可能馬上就會縫衣服嗎？

　　「那一百個紈絝子弟都曾因阿嫣姑娘的開示，回家之後變成了不一樣的人。也因此在第五個晚上，濟公師父告訴了阿嫣姑娘，她的價值就在於她的人生。

　　「所以為什麼這一百隻鵝會全部賣光呢？因為這一百個男子感念阿嫣姑娘曾經給予的幫助，而且聽到阿嫣姑娘要跟著濟公師父修行，他們也由衷為她高興。」

　　人生的意義在於創造價值。不要放棄，不要放棄那些改變的契機，不要放棄那些困難、痛苦、家人，能夠解決問題才是我們的價值所在。

　　一個緣分的圓滿好像是一顆佛珠，一個自然無心的串連，不斷等待與串連，也許有那麼一天，我們也能像阿嬌串連起所有的圓滿，因為有著濟公師父的牽緣。

尾聲

　　「濟公師父花了一百八十兩買鵝，現在又賺了兩萬兩，阿樂都看傻了，他說：『師父，您怎麼突然賺了這麼多錢，那我的老婆呢？』

　　「濟公師父問：『你今天既然和阿嬌姑娘有緣，師父問你，你可願意一輩子照顧她，好好對待她？』

　　「阿樂高興得幾乎要哭了出來，說：『師父，我為了阿嬌什麼都願意放棄，每個月賺錢只為了見她一面，我一定會好好珍惜。』

　　「阿嬌也說想要跟著阿樂一輩子。當初每個月都要去吃鵝肉，就是因為喜歡阿樂。於是，濟公師父就帶著兩人一同離開了這個城市，去到一個很遠的地方，去到一個沒有人認識他們的地方。

　　「濟公師父最後拿出了一萬兩銀子，說：『阿嬌姑娘，這是你應得的報酬，你們就用這筆錢重新開始人生吧！』

　　「這時阿樂擔心地說：『師父，您可別剃掉阿嬌的頭髮，這樣我可要一輩子難過了。』

　　「阿樂真是窮操心，濟公師父從來不曾剃過徒弟的頭髮。

「濟公師父這時故意問阿嬌：『那你是不是也喜歡阿樂呢？』

「阿嬌這時會怎麼反應啊？」

這時師父擺了個嬌滴滴的模樣，輕輕跺了一下腳，害羞地轉身跑開了，看得大家笑聲連連。

「阿樂好快樂，終於娶到了阿嬌，又有了一萬兩銀子，他已經花了兩、三年追求阿嬌姑娘，終於修成正果，阿樂將會更加珍惜阿嬌。

「說到阿嬌的過去，其實是為了治父親的病才去酒店賺錢，只是賣笑而不賣身，她的琴藝不凡，再加上溫柔與美貌出眾，得到了許多人的關愛，而且打一開始就是阿嬌教導阿樂如何做鵝肉生意的，她當初告訴阿樂：『如果你真的想要來找我，那就認真賣鵝肉，付出你的勞力來換取見面的機會吧！』阿嬌藉這樣的方式鼓勵阿樂自食其力，並找到一技之長。

「包括那一百個紈絝子弟，阿嬌也對他們說：『你們要回去學習怎麼做生意，要靠自己的能力賺錢，然後才可以再來見我。』就像鼓勵阿樂那樣，要他們付出自己的努力，建立自己的事業，於是有的人去賣吃的，有的人去做生意；一百人之中，至少有七、八十人是受了阿嬌的鼓勵，找回了自己的人生。這就是他們甘願付出二百兩買一隻鵝的原因。

「我們平日所做所行、過往的布局，都是自然，也都是無心的，就是古佛說的，如果你想要發財，你就不會發財，你想要賺錢，那你就賺不到錢。一切都是自由自在。

「阿樂為什麼能夠得到阿嬌的心？就是因為他每天努力賣鵝

肉。賣鵝肉的利潤其實不高，要存滿一百兩實在不容易，但是因為阿樂的努力，他還是做到了。

「濟公活佛所做的，在酒店陪伴阿嬌姑娘，不是為了花天酒地，而是為了度化她。因此造成了眾人的誤會，到後來經過了濟公師父的安排，一切終於有了完美的結局，讓眾人明白濟公師父的布局，阿樂也娶到了阿嬌姑娘。

「於是，阿樂和阿嬌就在這個地方重新開始養鵝、賣鵝肉，他們店裡養的鵝都在脖子上掛了一串佛珠，用來紀念濟公師父與他們的一段緣分，也是他們店裡與眾不同的特色。

「這就是濟公走酒店的故事。你們聽這個故事裡的阿嬌，雖然賣笑不賣身，但無論什麼行業都值得我們尊重，她在無形之中幫助了別人改變人生，無心自然的幫忙，自然有功德。

「無心的幫忙，就像阿樂本來是個流浪漢，卻能夠變成鵝肉店的老闆。但如果是有心刻意的幫忙，有時可能反而會造成別人的困擾。一切都要無心、自然。」

這個故事是從阿嬌請濟公師父吃的一盤鵝肉開始結緣，她無心地奉獻，沒有刻意追求的善心，讓她與阿樂結緣，與一百個男子結緣。所以濟公師父才有能力將他們的緣分串連，五個夜晚串起了阿嬌的佛緣，一百隻鵝串連一百個男人的善心，終於促成了阿嬌與阿樂的好姻緣。一切是從「給，無所求」開始的。

五夜與修行

在這個故事裡，濟公師父用了五個夜晚重新啟動了阿嬌的佛

緣，打通她原來的修行之中參悟佛法遇到的瓶頸。打通瓶頸的關鍵就在於真正的做起感受，不再只是「想」經書中的道理，而是靠著「做」去參悟道理。就好像光是看著書本講解騎腳踏車的方法，永遠也學不會怎麼騎車，只有跨上了腳踏車，才會明白什麼叫做控制重心，什麼叫做平衡自己。

第一晚阿嬤念經，為的是找自己的安定心，為了明白自己念經的動機在哪裡。就像我們，要明白來到廟裡的動機，不是為了神佛保佑，而是為了依靠自己。先要自助，然後才有天助。明白了動機才有學習的安定心。

第二晚阿嬤串佛珠，為的是明白每件事的串連，人與人的連結都要靠人去串連。有了學習的安定心之後，才會虛心接受師父對我們的串連，虛心接受師父的教導與牽緣，願意自己努力做起，努力串連起自己的人脈，也串起人生。

第三晚阿嬤縫衣服，每件平凡生活中的小事都是修行的功課，都是開悟的機會。修行的功課不只在於佛堂、廟裡，更在於每天的食衣住行之中。那些走路、說話、吃飯、睡覺的時刻，都是修口、修心的時機，不能輕易放任自己的口與心。

《玉瑣真經》：「人不可一刻放心，亦不可一旦分神。放心則無主，分神則亂智。」

第四晚阿嬤談自己的心事，濟公師父為她開破心結。師父不需要我們開口，就能夠明白我們的心事，就能夠點醒我們，讓我們知道明天的方向、應該如何調整自己；如何像阿嬤姑娘那樣無心地給而無所求，如何自然做起。

　　第五晚阿媽唱歌給濟公師父聽，濟公師父點醒了姑娘的人生價值。我們修行做起的一切功德都將推恩於師父，也就是濟公師父，有了我們自己的功德，濟公師父才有機會為我們串連起那些功德，就像是故事中的一百隻鵝一樣。

　　先有自己的做起、日月累積；後有上天的疼惜、星辰指引。

終篇
啟動自己

　　我們從信仰的內涵、師父講的道理，到最後的故事禪，解說了濟公道的基礎觀念。我們先從「我」開始改變觀念，每個人生的問題是由「我」開始，最後由「自己」決定解答的方式。

　　看懂那些基礎的觀念後，下一步更重要的是啟動，有了啟動，看懂之後才能帶來自己的領悟感受，成為自己的專屬體驗，真正改變自己的個性和行為。

　　說到啟動，要如何啟動？從「我」和「自己」開始。

無我

　　最常阻礙我們的，是「我」的情緒。

　　我們需要先理解了「我」的情緒，找回「自己」的動機，然後才能進到下一個階段的課題。像是夫妻、親子，又或是做別人的部屬、長官、同事，做一個公司的最高管理者，無論哪種角色課題，先要學習如何從「我」轉變為「自己」的過程、先要啟動自己的改變。

　　為什麼先要從「我」轉變為「自己」呢？因為「有我」的時候，就會「有你」、「有他」，在你我他的思想裡最容易落入比較和對立的想法，容易把一切問題的主導權都放在別人身上，但是說到「自己」，就只有「自己」，與他人無關。

　　我會這麼想：「他勸告我的口氣那麼差，我為什麼要聽他的？他為什麼不能好好講？」

　　為什麼要讓他的口氣決定我改變的時機呢？「自己」可以決定改變的動機，人生要不要改變？煩惱的情緒要不要改變？問自己。

　　我會這麼想：「他又開始碎碎念了，這個老毛病總是不改變，我看今天又要吵架了。」

　　不要讓他的習性決定了「我」的心情，「自己」可以決定動機，要不要改變彼此相處的方式？要不要找回最初相處的感覺呢？問自己。

　　我會這麼想：「老闆又來找我麻煩了，明明已經做好的事，

為什麼又要改來改去的呢？」

不要讓他的行為影響「我」的思緒。「自己」可以明白動機：要對老闆認主，「自己」可以打定主意承擔結果，重新轉變心態，好好為老闆分憂解勞，並且不打折扣、不計對錯的完成任務，好好發揮被人善用的價值，做個稱職的左右手，自然會有貴人來到。

我會這麼想：「孩子老是這麼自私、任性，總是不聽我的話，如果現在不好好修理他，以後怎麼會成材呢？」

不要讓孩子的行為觸發了「我」的批評習性。父母容易用「我」的角度去評斷孩子的好壞對錯，尤其是覺得孩子讓自己丟臉的時候，一個批評就是一個對立的距離，習慣了批評、指責，最後無可避免與孩子越走越遠。

「自己」可以找回愛孩子的初心，問問自己，孩子剛出生時，最初是如何疼愛他的心情；告訴自己，要重新學習扮演父母這個角色。學習保有三心：愛心、耐心與包容心，這三個心不是給孩子，而是給「自己」。

無我，就是練習如何把每個從「我」開始的情緒，轉念成為「自己」的動機思維，拿掉你我他，把人生主導的權力還給「自己」，在學會如何善待自己之後，自然會有溫暖的心情善待別人，也善待了緣分，漸漸能夠學會如何圓滿每段緣分，這就是啟動。

啟動是為了等待因緣的改變，好的緣分值得等待，需要時間等待，需要每天學習新的觀念等待，需要用心的練習等待，所以先從「無我」的功課開始。

「無我」就是修心與修口的功課，無論扮演哪種角色，「自己」都不會改變，明白了這個道理，心裡的想法和情緒就會知道如何轉變、如何開口，也不容易再有說錯話、表錯情的遺憾。

就算別人批評我，自己也不會批評自己，因為要不要調整是由自己決定。

就算另一半碎念，自己也會記得感恩他的動機，調整自己看人不順眼的心情；只想要珍惜自己的好心情，不想讓情緒傷害了好心情。

既然關心自己的另一半，開口的每句話都學著用心說得圓融，讓他感受到我們的關心。

既然想要成為老闆的得力助手，就不需要再堅持自己的想法，不用證明自己是對的，一切聽老闆的，一切為老闆設想，未來的人生自然會是對的。

記得孩子是我們的心肝寶貝，學習和練習如何教導他們，如何以身作則，如何順隨這段難得的緣分，讓他們親近我們，確保未來在他們需要的時候，我們還有機會伸出援手。

人生不是紅綠燈，不用因為別人闖了我們的紅燈、犯了大忌，就看人不順眼。人生不要執著情緒，情緒總是讓嘴巴忘了心的動機，所以口無遮攔。人生沒有什麼委屈，只有自己的承擔和決定。

佛山有靈中塔，心口有靈通心。

看懂書本裡的知識、道理或許容易，但是解鈴還需繫鈴人，自己的心需要自己打通，自己的紅燈要靠自己轉為綠燈，我的

情緒感受需要自己來疏通，我們的心與口才會相通，才會有實在的「看懂」。

「看懂」這一件事情有點像在爬高樓，從一樓爬上二樓，可以看見更遠的風景，有了「啊，原來如此」的感嘆；但是在二樓之上，還有更高的樓層和風景，今天有了一層的領悟，隨著生活經驗的累積練習，還可能再找到更深一層的參悟。

書中文字有限，能夠參悟的體會感受卻是無限。

🍐 紙短情長

　　文字有限，要表達的情感卻是無限，文字再怎麼描寫也寫不出一杯酒的完整滋味，那些滋味「如人飲水，冷暖自知」，只有自己喝了那杯水，才明白什麼是冷、什麼是暖。在文字之外，還有著更多的體會和感受要去發現。

　　還記得大學數學系上的教授曾說過一段話：「什麼是三？整個宇宙世界裡符合三的條件事物，都叫做三。」

　　三顆蘋果，三個人，三件事，三句話，「三」的概念存在於每個地方、事物之上，只是我們容易被文字、被我們的想法限制了思考，以為「三」就只是一個數字而已。

　　就像師父說的「明白動機」，什麼是動機？並不只是自己想要做什麼事情而已，我們的一言一行，每個想法心情都和動機有關。動機裡的紙短情長，需要在生活中不斷體會與感受，藉著第一個參悟，自己找到下一個參悟，這就是自己的啟動。

動機的參悟

做孩子時總巴不得趕快長大，但是成了大人，明白做人的辛苦之後，卻又常常懷念自己還在學生時期的時光。

「如果能夠回去做孩子，我就知道如何享受那段童年時光了。上學其實是件幸福的事，考試也不算什麼，雖然曾被老師打得很慘，但是如果沒有那段日子也不會有現在的我。」我曾這麼想過。

你是不是曾經有過類似的想法？是否曾經有過類似的感嘆情緒呢？

明白動機吧，我還有下一段的體悟：「既然看見了過去的幸福，既然明白過去的痛苦不是苦，既然回不到過去了，那就活在當下的動機，不如現在就改變當下的心境。

明白此刻的幸福，可以滿足、可以歡笑；明白此刻的痛苦，可以甘願、可以接受。

等待自己學會痛苦中的經驗，等待看見未來更好的自己，這就是我們學習改變的動機。

過去忘起，現在做起，未來望起，找到自己改變的動機。

動機的參悟，把眷戀過去的心情轉為專注當下的動機，因為不要未來的自己後悔感嘆，要讓未來的我感謝自己現在的努力。

濟公道裡的每個觀念，都有著更多無法描述的體會感受，讓我們保持心的柔軟，保持想法調整的彈性，把心中的每個「不可以」、「不可能」，換為「試試看」，把心中的紅燈都試著轉為綠燈，

嘗試新的角度與看法，也許就會有新的參悟。

道理有限，佛法無邊。

🍐 佛法的參悟

我曾問師父：「濟公道和佛法有什麼關係嗎？」

師父指著頭上的帽子說：「有沒有看見帽子上的這個佛字？你覺得有關係，那就有關係，如果別人說沒有關係，我們也沒有關係，這就是濟公道的自由自在，從來不在意別人的講法，重要的是自己的體會和感受。

「濟公道總是遇到什麼問題，就解決什麼問題。

「比方靜觀今天拿了一整箱的食物來廟裡敬拜。拜完之後，如果有另一個人說要把整箱食物拿去育幼院捐獻，說這是在做善事，他這樣做對嗎？

「我佛慈悲，把食物送給育幼院，從結果來看當然是件好事，我們不需要去評論這件事。但就像師父常說的，每件事都要明白動機，要知道自己心裡的思維，這箱食物是誰買的？有沒有考慮到靜觀奉獻的意願？有沒有給別人拒絕的機會？

「一句『做善事』就綁架了別人的慈悲心，讓別人沒有了拒絕的機會，這樣的做法符合我們的初心和動機嗎？這麼做能夠廣結善緣嗎？是不是有一種心虛的感受呢？

「濟公道講的是實在的道理，是一步一腳印，是心裡踏實的感受，如果這個人能夠看見自己的心虛感受，能夠轉個念頭，自己買一箱食物送去育幼院，既成全了自己的善心，也成全了別人奉獻食物給廟的心意，明白動機，福德就會完全不一樣。

「好好參悟師父的話，什麼是慈悲，什麼是佛法，都在你們

自己的動機感受之中。

「如果別人說濟公道與佛法有關係，那就有關係，如果別人說沒關係，我也沒關係，一切都在於自己的動機。我佛慈悲。」

我佛慈悲，我們修的不是別人看得見的善惡標準，修的是自心的動機，修的是踏實平安的感受，要的是心裡踏實實，而不要心虛；心裡如果有了不安，就問問自己的心，要的究竟是什麼。參悟自己的動機，感受一切如心的感受。

參悟，就是帶著好奇的心思，好奇每件事物還可能有什麼變化，好奇我們的想法還可以如何轉變、還有什麼選擇，所以總是能有新的想法與思維，所以不會停留在原地的想法，漸漸的不再執著。

沒有一百分的思想

師父說：「記得，完美不是一次就能成功，一定要經過挫折。你們做的事不是為了追求完美，而是為了要合乎規範，凡事只要合理就好，不必十全十美，人生才會快樂。

「當一個人什麼事都想要追求完美，別人的標準只會更高，你們永遠也做不到別人的要求，又何必為難自己呢？

「濟公道是什麼呢？笑笑而已。」

在濟公道的路上，一開始總是坎坎坷坷的，因為事情不會一次成功，總是需要學習與成長，做錯了就是調整重來，每一次的調整、每一次的挫折，就是一次人心的試煉。一個破洞，就是一個補丁，濟公道的道路就是這麼走的。

師父說：「就像是媽祖婆會要求師父，佛祖也會要求師父，觀世音菩薩也會要求師父，每個神佛都有祂們的標準。但是師父怎麼想呢？師父在成就自己。別人要求我，我做不到，但是成就自己，我做得到；師父不會因為別人的要求、規矩而照著做，那是因為師父做不到；但是師父有自己的動機，師父要成就自己，所以師父做得到。

「比方有人說『我要改變個性，我絕對不能夠發脾氣』，但奇怪的是往往脾氣越改越暴躁，為什麼呢？

「因為『要改變』、『我不能夠……』的說法是在否定自己，好像是自己原來的一百分被扣了幾分，他會因為沒有一百分而焦慮，他想要補回一百分，總是為了不完美壓抑自己，心中也

會越加有怨，最後終究是無法改變。

　「只有為了成就自己才會有樂心，才能甘願做、甘願受，今天成就自己，不代表未來一定有成就，但是今天實現自己，就肯定了自己。

　「否定自己就沒有人生。人生是未知啊！人生，就是把握現在、珍惜現在。」

　別再給自己扣分，每天為自己加分，人生不只一百分，人生的分數沒有上限，也是無邊的。

🍐 佛法無邊

「身是菩提樹，心如明鏡台，時時勤拂拭，莫使惹塵埃。」這是神秀大師寫的偈子。

禪宗五祖弘忍大師看過之後說：「你們如果能照著去做，可以不入惡道。」

弘忍大師沒說的那句話是，這麼做只能不入惡道，卻難見開悟的大道。

神秀大師的偈子說的正是許多人苦修的心情。許多苦修的人總是害怕這個心會惹來塵埃，害怕自己的言行被扣分，所以時時都要去擦拭它。所以他的修行，每個念頭都試著要找出自己的缺點，都在提醒著自己種種「惡」的存在，他想要做到一百分，想要心裡沒有塵埃，當然做不到。

佛法無邊，佛法沒有所謂一百分的邊界，修行的分數沒有邊際，不需要用這樣的框框限制自己，不需要與別人比較分數高低。

在修行的路上就要不畏風塵，所謂塵世，原來處處都是紅塵。

六祖慧能大師的偈子是這麼說的：「菩提本無樹，明鏡亦非台，本來無一物，何處惹塵埃。」

每個人都有習性，天生就有缺點、不足的地方，但是不需要畏懼灰塵，因為我們不只是做一百分的自我，每天都可以不斷為自己加分。

世上本來就沒有一個無塵埃的明鏡台，就像濟公師父的衣服總是處處補丁，一個補丁就是我們的一處成就，都是自然。

　　自然的做，自然的為自己「加分」，就能讓自己保有快樂。知道自己脾氣差，那就啟動追求快樂的動機，尋找快樂的理由，找方法滿足自己，學習感恩知足，引導自己的動機，守護好自己的樂心。用加法看修行，用快樂護持自己的心。

　　雖然我們處處惹塵埃，雖然衣服處處補丁，也能保有樂心，這就是濟公道的快樂修行，讓我們放過那個受苦的修行法，讓我們放過自己。

　　明白佛法的無邊，明白加法的心情，所以保有每天啟動去做的熱度，保持心中的熱情。

🍐 日月積累，日月照光

師父有一首詩：

春氣清秋萬歲道，倒酒喝杯千杯醉，

無酒執杯人人醒，日月轉變水影定。

農人從春耕播種到秋季收割，靠著每天辛勤努力的工作，因而會有好的收穫，這是千萬年也不會改變的道理。就像是人與人的緣分要圓滿，也要努力學習如何像春天給人溫暖、秋天讓人感到舒暢，然後才能夠廣結善緣。

人們卻容易沉迷於「我」的喜怒哀樂裡，那些大喜大悲的情緒就像是烈酒，讓人們執著貪杯，醉生夢死，總是執著在「我」的情緒裡。若能明白自己的酒醉情緒，不再貪戀情緒，如果拿起酒杯只是演戲而不會醉酒，每個人都將會找到醒悟。

任由日月如何轉變，每天自己的心總是依著道理思維應變，雖然世事像是水中倒影不斷變化，這顆心也還是一樣的平穩與安定。

師父說：「人在世間最重要的不過幾個字，在道家叫做『滿足』，在佛家說是『奉獻』或是『付出』，而在濟公道則是『樂心』。

「人生不要撿角[1]，要撿磚角，磚角怎麼撿呢？磚角要靠自己一點一滴，在每日的一時一刻慢慢輪轉，慢慢去盛滴，慢慢去

註：
1.撿角，原意是農夫在巡田時，會撿起那些影響農作物生長的碎石頭，把它丟到一邊去。「撿角」延伸為抑貶用語，意思是在說人沒有出息。

抵抗，慢慢去感受，慢慢去出頭，才能得到日月照光，這身體才會顯出光亮，內心之中就會有滿足。」

人生就是樂心，磚角就是我們每天的啟動，每天為自己加分，每天抵抗內心的情緒。每天的轉念，雖然別人給我們臉色看，我們也能夠笑笑以對，這是福德的累積。

每天的參悟學習，那是智慧的累積。福與慧的累積，那些加分的累積，在日月流轉裡不斷積累，我們的修為自然就會生起光亮。

光亮，是照著前路的光亮，越是不斷做起，信心越堅定，前路也越光明，一切都是從啟動開始的。

🎋 自我啟動

寫到這裡已接近了尾聲，這十幾萬字的書稿也寫不完這些年跟隨師父學習濟公道的感受，還有著更多深入各個課題的內容將會在後續出版的書裡整理。

師父常說，我們每個人取的法號都有特別的意思在其中，如今我慢慢開始體會「靜觀」的意思了。

靜觀，就是在靜中安定、覺察動機。

對信仰的信心會帶來安定的思維，所以能夠冷靜以對。雖然有情緒，也能覺察情緒，能夠轉變動機，在每天的眼睛所見、耳朵聽聞裡，鍛鍊著心的堅強，從「我」轉變為「無我」的心境，在每天抵抗習性的過程裡參悟自己，越是參悟觀照自己的心情，心情也越是安定。這份安定心，更是因為心中常有師父同行。

神，就是你的感受，
道理，就是你的感覺，
實行，就是你的體會。

師父總是說不用去談神明的真假，只要看道理是否實用，但是真要問我，到底有沒有神？

我的答案是：「當然有。在這些年跟隨師父的感受裡，師父精準的點醒、神明的照顧與教導歷歷在目，一切的福德是自己的做起，一切的改變也是自己啟動，一切都是自己的感受。

當我們知道自己與上天站在同一邊，當我們懂得如何順天應

人的付出行動，上天自然會照顧我們。」

請你不要在意我的答案，凡事需要自己去體會與感受，你才能夠找到屬於自己的信心。

濟公道裡的道理是不是實用，可以自己試著去做看看；故事裡的情節是不是有禪機，可以自己去參悟看看，一切感受都會是自己的收穫，不是別人的。

啟動，不是一個點的啟動，而是像火車頭一般，啟動了火車頭之後，帶動了後面一節接著一節的車廂。火車頭就是我們的信仰，它的動力來自於信心。許多人第一次的信心是來自於師父靈感的點醒、教導，他們驚訝於師父的靈感，解答了他們的迷惑。

但是接下來，我們要試著開始自己啟動，要轉變自己的心態與想法，更要啟動新的做法，在做的過程中得到的那些成就與經驗，將會成為新的信心來源，成為這火車頭的另一股動力來源。

這火車頭一開始是靠師父拉了我們一把，但是最後要靠自己推動，不再依賴師父。

六祖慧能大師說：「迷時師度，悟時自度」。就是這樣的感受，天助自助者，一切都是從自己開始啟動，每段因緣都起源於自己，是不是善緣都是由自己決定。

什麼是濟公活佛？濟公活佛，沉移於人世間、佛法人性中，不以常眾之現。

254

JP0001	大寶法王傳奇	何謹◎著	200 元
JP0002X	當和尚遇到鑽石（增訂版）	麥可‧羅區格西◎著	360 元
JP0003X	尋找上師	陳念萱◎著	200 元
JP0004	祈福 DIY	蔡春娉◎著	250 元
JP0006	遇見巴伽活佛	溫普林◎著	280 元
JP0009	當吉他手遇見禪	菲利浦‧利夫‧須藤◎著	220 元
JP0010	當牛仔褲遇見佛陀	蘇密‧隆敦◎著	250 元
JP0011	心念的賽局	約瑟夫‧帕蘭特◎著	250 元
JP0012	佛陀的女兒	艾美‧史密特◎著	220 元
JP0013	師父笑呵呵	麻生佳花◎著	220 元
JP0014	菜鳥沙彌變高僧	盛宗永興◎著	220 元
JP0015	不要綁架自己	雪倫‧薩爾茲堡◎著	240 元
JP0016	佛法帶著走	佛朗茲‧梅蓋弗◎著	220 元
JP0018C	西藏心瑜伽	麥可‧羅區格西◎著	250 元
JP0019	五智喇嘛彌伴傳奇	亞歷珊卓‧大衛—尼爾◎著	280 元
JP0020	禪　兩刃相交	林谷芳◎著	260 元
JP0021	正念瑜伽	法蘭克‧裘德‧巴奇歐◎著	399 元
JP0022	原諒的禪修	傑克‧康菲爾德◎著	250 元
JP0023	佛經語言初探	竺家寧◎著	280 元
JP0024	達賴喇嘛禪思 365	達賴喇嘛◎著	330 元
JP0025	佛教一本通	蓋瑞‧賈許◎著	499 元
JP0026	星際大戰‧佛部曲	馬修‧波特林◎著	250 元
JP0027	全然接受這樣的我	塔拉‧布萊克◎著	330 元
JP0028	寫給媽媽的佛法書	莎拉‧娜塔莉◎著	300 元
JP0029	史上最大佛教護法—阿育王傳	德千汪莫◎著	230 元
JP0030	我想知道什麼是佛法	圖丹‧卻淮◎著	280 元
JP0031	優雅的離去	蘇希拉‧布萊克曼◎著	240 元
JP0032	另一種關係	滿亞法師◎著	250 元
JP0033	當禪師變成企業主	馬可‧雷瑟◎著	320 元
JP0034	智慧 81	偉恩‧戴爾博士◎著	380 元
JP0035	覺悟之眼看起落人生	金菩提禪師◎著	260 元
JP0036	貓咪塔羅算自己	陳念萱◎著	520 元
JP0037	聲音的治療力量	詹姆斯‧唐傑婁◎著	280 元
JP0038	手術刀與靈魂	艾倫‧翰彌頓◎著	320 元
JP0039	作為上師的妻子	黛安娜‧J‧木克坡◎著	450 元

JP0077	願力的財富	釋心道◎著	380 元
JP0078	當佛陀走進酒吧	羅卓・林茲勒◎著	350 元
JP0079	人聲，奇蹟的治癒力	伊凡・德・布奧恩◎著	380 元
JP0080	當和尚遇到鑽石 3	麥可・羅區格西◎著	400 元
JP0081	AKASH 阿喀許靜心 100	AKASH 阿喀許◎著	400 元
JP0082	世上是不是有神仙：生命與疾病的真相	樊馨蔓◎著	300 元
JP0083	生命不僅僅如此一辟穀記（上）	樊馨蔓◎著	320 元
JP0084	生命可以如此一辟穀記（下）	樊馨蔓◎著	420 元
JP0085	讓情緒自由	茱迪斯・歐洛芙◎著	420 元
JP0086	別癌無恙	李九如◎著	360 元
JP0087	甚麼樣的業力輪迴，造就現在的你	芭芭拉・馬丁＆狄米崔・莫瑞提斯◎著	420 元
JP0088	我也有聰明數學腦：15 堂課激發被隱藏的競爭力	盧采嫻◎著	280 元
JP0089	與動物朋友心傳心	羅西娜・瑪利亞・阿爾克蒂◎著	320 元
JP0090	法國清新舒壓著色畫 50：繽紛花園	伊莎貝爾・熱志－梅納＆紀絲蘭・史朵哈＆克萊兒・摩荷爾－法帝歐◎著	350 元
JP0091	法國清新舒壓著色畫 50：療癒曼陀羅	伊莎貝爾・熱志－梅納＆紀絲蘭・史朵哈＆克萊兒・摩荷爾－法帝歐◎著	350 元
JP0092	風是我的母親	熊心、茉莉・拉肯◎著	350 元
JP0093	法國清新舒壓著色畫 50：幸福懷舊	伊莎貝爾・熱志－梅納＆紀絲蘭・史朵哈＆克萊兒・摩荷爾－法帝歐◎著	350 元
JP0094	走過倉央嘉措的傳奇：尋訪六世達賴喇嘛的童年和晚年，解開情詩活佛的生死之謎	邱常梵◎著	450 元
JP0095	【當和尚遇到鑽石4】愛的業力法則：西藏的古老智慧，讓愛情心想事成	麥可・羅區格西◎著	450 元
JP0096	媽媽的公主病：活在母親陰影中的女兒，如何走出自我？	凱莉爾・麥克布萊德博士◎著	380 元
JP0097	法國清新舒壓著色畫 50：璀璨伊斯蘭	伊莎貝爾・熱志－梅納＆紀絲蘭・史朵哈＆克萊兒・摩荷爾－法帝歐◎著	350 元
JP0098	最美好的都在此刻：53 個創意、幽默、找回微笑生活的正念練習	珍・邱禪・貝斯醫生◎著	350 元
JP0099	愛，從呼吸開始吧！回到當下、讓心輕安的禪修之道	釋果峻◎著	300 元
JP0100	能量曼陀羅：彩繪內在寧靜小宇宙	保羅・霍伊斯坦、狄蒂・羅恩◎著	380 元
JP0101	爸媽何必太正經！幽默溝通，讓孩子正向、積極、有力量	南琦◎著	300 元
JP0102	舍利子，是甚麼？	洪宏◎著	320 元
JP0103	我隨上師轉山：蓮師聖地溯源朝聖	邱常梵◎著	460 元
JP0104	光之手：人體能量場療癒全書	芭芭拉・安・布藍能◎著	899 元

JP0105	在悲傷中還有光： 失去珍愛的人事物，找回重新聯結的希望	尾角光美◎著	300 元
JP0106	法國清新舒壓著色畫 45：海底嘉年華	小姐們◎著	360 元
JP0108	用「自主學習」來翻轉教育！ 沒有課表、沒有分數的瑟谷學校	丹尼爾・格林伯格◎著	300 元
JP0109	Soppy 愛賴在一起	菲莉帕・賴斯◎著	300 元
JP0110	我嫁到不丹的幸福生活：一段愛與冒險的故事	琳達・黎明◎著	350 元
JP0111	TTouch® 神奇的毛小孩按摩術──狗狗篇	琳達・泰林頓瓊斯博士◎著	320 元
JP0112	戀瑜伽・愛素食：覺醒，從愛與不傷害開始	莎朗・嘉儂◎著	320 元
JP0113	TTouch® 神奇的毛小孩按摩術──貓貓篇	琳達・泰林頓瓊斯博士◎著	320 元
JP0114	給禪修者與久坐者的痠痛舒緩瑜伽	琴恩・厄爾邦◎著	380 元
JP0115	純植物・全食物：超過百道零壓力蔬食食譜， 找回美好食物真滋味，心情、氣色閃亮亮	安潔拉・立頓◎著	680 元
JP0116	一碗粥的修行： 從禪宗的飲食精神，體悟生命智慧的豐盛美好	吉村昇洋◎著	300 元
JP0117	綻放如花──巴哈花精靈性成長的教導	史岱方・波爾◎著	380 元
JP0118	貓星人的華麗狂想	馬喬・莎娜◎著	350 元
JP0119	直面生死的告白── 一位曹洞宗禪師的出家緣由與說法	南直哉◎著	350 元
JP0120	OPEN MIND！ 房樹人繪畫心理學	一沙◎著	300 元
JP0121	不安的智慧	艾倫・W・沃茨◎著	280 元
JP0122	寫給媽媽的佛法書： 不煩不憂照顧好自己與孩子	莎拉・娜塔莉◎著	320 元
JP0123	當和尚遇到鑽石 5：修行者的祕密花園	麥可・羅區格西◎著	320 元
JP0124	貓熊好療癒：這些年我們一起追的圓仔 ～ 頭號「圓粉」私密日記大公開！	周咪咪◎著	340 元
JP0125	用血清素與眼淚消解壓力	有田秀穗◎著	300 元
JP0126	當勵志不再有效	金木水◎著	320 元
JP0127	特殊兒童瑜伽	索妮亞・蘇瑪◎著	380 元
JP0128	108 大拜式	JOYCE（翁憶珍）◎著	380 元
JP0129	修道士與商人的傳奇故事： 經商中的每件事都是神聖之事	特里・費爾伯◎著	320 元
JP0130	靈氣實用手位法── 西式靈氣系統創始者林忠次郎的療癒技術	林忠次郎、山口忠夫、 法蘭克・阿加伐・彼得◎著	450 元
JP0131	你所不知道的養生迷思──治其病要先明其 因，破解那些你還在信以為真的健康偏見！	曾培傑、陳創濤◎著	450 元
JP0132	貓僧人：有什麼好煩惱的喵～	御誕生寺（　　　　）◎著	320 元
JP0133	昆達里尼瑜伽──永恆的力量之流	莎克蒂・帕瓦・考爾・卡爾薩◎著	599 元

JP0134	尋找第二佛陀・良美大師——探訪西藏象雄文化之旅	寧艷娟◎著	450 元
JP0135	聲音的治療力量：修復身心健康的咒語、唱誦與種子音	詹姆斯・唐傑婁◎著	300 元
JP0136	一大事因緣：韓國頂峰無無禪師的不二慈悲與智慧開示（特別收錄禪師台灣行腳對談）	頂峰無無禪師、天真法師、玄玄法師 ◎著	380 元
JP0137	運勢決定人生——執業 50 年、見識上萬客戶資深律師告訴你翻轉命運的智慧心法	西中　務◎著	350 元
JP0138	心靈花園：祝福、療癒、能量——七十二幅滋養靈性的神聖藝術	費絲・諾頓◎著	450 元
JP0139	我還記得前世	凱西・伯德◎著	360 元
JP0140	我走過一趟地獄	山姆・博秋茲◎著 貝瑪・南卓・泰耶◎繪	699 元
JP0141	寇斯的修行故事	莉迪・布格◎著	300 元
JP0142	全然接受這樣的我：18 個放下憂慮的禪修練習	塔拉・布萊克◎著	360 元
JP0143	如果用心去愛，必然經歷悲傷	喬安・凱恰托蕊◎著	380 元
JP0144	媽媽的公主病：活在母親陰影中的女兒，如何走出自我？	凱莉爾・麥克布萊德博士◎著	380 元
JP0145	創作，是心靈療癒的旅程	茱莉亞・卡麥隆◎著	380 元
JP0146	一行禪師　與孩子一起做的正念練習：灌溉生命的智慧種子	一行禪師◎著	450 元
JP0147	達賴喇嘛的御醫，告訴你治病在心的藏醫學智慧	益西・東登◎著	380 元
JP0148	39 本戶口名簿：從「命運」到「運命」・用生命彩筆畫出不凡人生	謝秀英◎著	320 元
JP0149	禪心禪意	釋果峻◎著	300 元
JP0150	當孩子長大卻不「成人」……接受孩子不如期望的事實、放下身為父母的自責與內疚，重拾自己的中老後人生！	珍・亞當斯博士◎著	380 元
JP0151	不只小確幸，還要小確「善」！每天做一點點好事，溫暖別人，更為自己帶來 365 天全年無休的好運！	奧莉・瓦巴◎著	460 元
JP0154	祖先療癒：連結先人的愛與智慧，解決個人、家庭的生命困境，活出無數世代的美好富足！	丹尼爾・佛爾◎著	550 元
JP0155	母愛的傷也有痊癒力量：說出台灣女兒們的心裡話，讓母女關係可以解！	南琦◎著	350 元
JP0156	24 節氣　供花禮佛	齊云◎著	550 元

編號	書名	作者	價格
JP0157	用瑜伽療癒創傷： 以身體的動靜，拯救無聲哭泣的心	大衛‧艾默森 伊麗莎白‧賀伯 ◎著	380 元
JP0158	命案現場清潔師：跨越生與死的斷捨離‧ 清掃死亡最前線的真實記錄	盧拉拉◎著	330 元
JP0159	我很瞎，我是小米酒： 台灣第一隻全盲狗醫生的勵志犬生	杜韻如◎著	350 元
JP0160	日本神諭占卜卡： 來自眾神、精靈、生命與大地的訊息	大野百合子◎著	799 元
JP0161	宇宙靈訊之神展開	王育惠、張景雯◎著繪	380 元
JP0162	哈佛醫學專家的老年慢療八階段：用三十年 照顧老大人的經驗告訴你，如何以個人化的 照護與支持，陪伴父母長者的晚年旅程。	丹尼斯‧麥卡洛◎著	450 元
JP0163	入流亡所：聽一聽‧悟、修、證《楞嚴經》	頂峰無無禪師◎著	350 元
JP0165	海奧華預言：第九級星球的九日旅程‧ 奇幻不思議的真實見聞	米歇‧戴斯馬克特◎著	400 元
JP0166	希塔療癒：世界最強的能量療法	維安娜‧斯蒂博◎著	620 元
JP0167	亞尼克 味蕾的幸福：從切片蛋糕到生 乳捲的二十年品牌之路	吳宗恩◎著	380 元
JP0168	老鷹的羽毛——一個文化人類學者的靈性之旅	許麗玲◎著	380 元
JP0169	光之手 2：光之顯現——個人療癒之旅‧ 來自人體能量場的核心訊息	芭芭拉‧安‧布藍能◎著	1200 元
JP0170	渴望的力量：成功者的致富金鑰‧ 《思考致富》特別金賺祕訣	拿破崙‧希爾◎著	350 元
JP0171	救命新 C 望：維生素 C 是最好的藥， 預防、治療與逆轉健康危機的秘密大公開！	丁陳漢蓀、阮建如◎著	450 元
JP0172	瑜伽中的能量精微體： 結合古老智慧與人體解剖、深度探索全身的 奧秘潛能，喚醒靈性純粹光芒！	提亞斯‧里托◎著	560 元
JP0173	咫尺到淨土： 狂智喇嘛督修‧林巴尋訪聖境的真實故事	湯瑪士‧K‧修爾◎著	540 元
JP0174	請問財富‧無極瑤池金母親傳財富心法： 為你解開貧窮困頓、喚醒靈魂的富足意識！	宇色 Osel ◎著	480 元
JP0175	歡迎光臨解憂咖啡店：大人系口味‧ 三分鐘就讓您感到幸福的真實故事	西澤泰生◎著	320 元
JP0176	內壇見聞：天官武財神扶鸞濟世實錄	林安樂◎著	400 元
JP0177	進階希塔療癒：加速連結萬有， 徹底改變你的生命！	維安娜‧斯蒂博◎著	620 元

善知識系列 JP0178

濟公禪緣
值得追尋的人生價值

作 者	靜觀	
特 約 編 輯	賴譽夫	
協 力 編 輯	丁品方	
業 務	顏宏紋	

總 編 輯　張嘉芳
出 版　橡樹林文化
　　　　城邦文化事業股份有限公司
　　　　104台北市民生東路二段141號5樓
　　　　電話：(02)2500-7696　傳真：(02)2500-1951
發 行　英屬蓋曼群島商家庭傳媒股份有限公司城邦分公司
　　　　104台北市中山區民生東路二段141號2樓
　　　　客服服務專線：(02)25007718；25001991
　　　　24小時傳真專線：(02)25001990；25001991
　　　　服務時間：週一至週五上午09:30～12:00；下午13:30～17:00
　　　　劃撥帳號：19863813　戶名：書虫股份有限公司
　　　　讀者服務信箱：service@readingclub.com.tw
香港發行所　城邦（香港）出版集團有限公司
　　　　香港灣仔駱克道193號東超商業中心1樓
　　　　電話：(852)25086231　傳真：(852)25789337
　　　　Email: hkcite@biznetvigator.com
馬新發行所　城邦（馬新）出版集團【Cité (M) Sdn.Bhd. (458372 U)】
　　　　41, Jalan Radin Anum, Bandar Baru Sri Petaling,
　　　　57000 Kuala Lumpur, Malaysia.
　　　　電話：(603) 90578822　傳真：(603) 90576622
　　　　Email：cite@cite.com.my

封 面 設 計　兩棵酸梅
排 版　L&W Workshop
印 刷　前進彩藝有限公司

ISBN 978-986-99764-4-2
定 價　300元
初 版 一 刷　2021年3月

國家圖書館預行編目資料

濟公禪緣：值得追尋的人生價值／靜觀 著.
—初版.—　臺北市：橡樹林文化，城邦文化事業股份
有限公司出版：英屬蓋曼群島商家庭傳媒股份有限公司
城邦分公司發行，2021.03
256面；16.8×22公分—（眾生；JP0178）
ISBN　978-986-99764-4-2（平裝）

1.佛教修持　2.生活指導

225.87　　　　　　　　　　　　　　　　110002999

廣　告　回　函
北區郵政管理局登記證
北 台 字 第 10158 號
郵資已付　免貼郵票

104 台北市中山區民生東路二段 141 號 5 樓

城邦文化事業股分有限公司

橡樹林出版事業部　收

請沿虛線剪下對折裝訂寄回，謝謝！

|橡|樹|林|

書名：濟公禪緣：值得追尋的人生價值　書號：JP0178

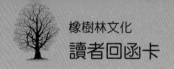

橡樹林文化
讀者回函卡

感謝您對橡樹林出版社之支持，請將您的建議提供給我們參考與改進；請別忘了給我們一些鼓勵，我們會更加努力，出版好書與您結緣。

姓名：＿＿＿＿＿＿＿＿＿＿＿＿ □女 □男　生日：西元＿＿＿＿年

Email：＿＿＿＿＿＿＿＿＿＿＿＿＿＿＿＿＿＿＿＿＿＿＿＿＿＿

● 您從何處知道此書？

　□書店　□書訊　□書評　□報紙　□廣播　□網路　□廣告 DM　□親友介紹

　□橡樹林電子報　□其他＿＿＿＿＿＿＿＿＿＿

● 您以何種方式購買本書？

　□誠品書店　□誠品網路書店　□金石堂書店　□金石堂網路書店

　□博客來網路書店　□其他＿＿＿＿＿＿＿＿

● 您希望我們未來出版哪一種主題的書？（可複選）

　□佛法生活應用　□教理　□實修法門介紹　□大師開示　□大師傳記

　□佛教圖解百科　□其他＿＿＿＿＿＿＿＿＿

● 您對本書的建議：

＿＿＿＿＿＿＿＿＿＿＿＿＿＿＿＿＿＿＿＿＿＿＿＿＿＿＿＿＿＿

＿＿＿＿＿＿＿＿＿＿＿＿＿＿＿＿＿＿＿＿＿＿＿＿＿＿＿＿＿＿

＿＿＿＿＿＿＿＿＿＿＿＿＿＿＿＿＿＿＿＿＿＿＿＿＿＿＿＿＿＿

＿＿＿＿＿＿＿＿＿＿＿＿＿＿＿＿＿＿＿＿＿＿＿＿＿＿＿＿＿＿

＿＿＿＿＿＿＿＿＿＿＿＿＿＿＿＿＿＿＿＿＿＿＿＿＿＿＿＿＿＿